바른 발레 생활

발레홀릭의 치열한 재활기

일러두기

- 해부학용어, 운동용어 등 외국어 표기는 국립국어원의 외국어 지침을 따랐다.
  외국어 표기는 영어를 기본으로 삼았으나 발레용어는 프랑스어 현지 발음으로 적어 표기법에 예외를 두었다.
- 해부학용어는 대한의사협회 의학용어 4, 5판에 근거하여 표기했다.
- 발레용어 원어 병기는 제목과 본문에서 각각 사용하여 이해도를 높이도록 했다.
- 발레용어는 영역의 특수성으로 인하여 미국식 영어, 영국식 영어, 프랑스어로 혼용되어 사용한다.
  본 책에서는 동작을 지칭하는 용어(예. 쁠리에, 데블로뻬)는 프랑스어 발음으로 표기,
  방법을 지칭하는 용어(예. 포인트, 풀업, 클래스)는 미국식 영어 발음에 기초해서 표기했다.

윤지영 지음

파묻 발레 생활

발레홀릭의 치열한 재활기

FLOOR WORX

contents

준비 초급
바른 발레 초석 다지기

009   prologue
       나의 고백

015   첫 수업의 짜릿함
       준비 1강 — 바르게 서기

025   두 번째 수업의 욕망
       준비 2강 — 내 턴 아웃의 현주소

035   발레, 너란 존재는 밀당의 천재
       준비 3강 — 올바른 턴 아웃 개선법

047   아무래도 나 재능 있는 것 같아!
       준비 4강 — 풀업의 진짜 의미

058   하다 보면 될 것이라고 믿었다
       준비 5강 — 발레와 물리적 무게중심 이동과의 관계

준비 중급

바른 발레 기둥 세우기

intermission
071 군대 면제급 부상, 잠시 쉬자

081 부상의 복선은 이미 존재했다
준비 6강 — 하이퍼와 하이포 사이의 균형

091 낙숫물이 바위를 뚫었다
준비 7강 — 발레 동작 중 신체 사용에 대한 오해와 편견

105 발레를 하면 아픈 게 당연하다?
준비 8강 — 부위에 따른 부상의 원인과 종류

119 부상 이후 심리적 침체기
준비 9강 — 올바른 발레 스트레칭, 알고 움직이자

129 깨진 몸의 밸런스는 어떻게 극복할 것인가?
준비 10강 — 클로즈드 키네틱 체인 엑서사이즈

수강

바른 발레 바 워크
(feat. 발레계 간달프 쌤)

intermission
139 　재활, 정말 다시 발레 할 수 있을까?

144 　**1강 쁠리에** — 확실한 '클로즈드 키네틱 체인' 점검 단계

150 　**2강 땅뒤** — 중심 이동의 첫 단계

154 　**3강 데가제** — 중심 이동! 정말로 했나요? 진짜?

159 　**4강 롱 드 장브 아 떼르** — 당신의 골반과 엉덩관절은 안녕하십니까?

163 　**5강 퐁뒤** — 같은 듯 다른 이란성쌍둥이

167 　**6강 바뜨망 프라뻬** — 프레빠라시옹 위치의 비밀 대공개

170 　**7강 롱 드 장브 앙 레르** — 1:1 정박자 말고, 3:2 타이밍을 알아야
　　　　　　　　　　　　　　제대로 된 코디네이션

176 　**8강 데블로뻬** — 움직일 것과 움직이지 말아야 할 것 (feat. 지구의 중력)

187 　**9강 바뜨망 쥬떼** — 도전! 다이내믹 스트레칭이라는 신세계

심화

어디까지 알고 있었니?

intermission
197 숨 고르고, 다시 도약

202 **심화 1편** — 어깨 관절과 팔꿈치의 과학적 원리, 포르 드 브라

210 **심화 2편** — 힘의 완벽한 평형 상태, 아라베스크

217 **심화 3편** — 호흡과 타이밍의 결정체 점프, 땅 르베 쏘떼

226 **심화 4편** — 보이는 것을 보이는 대로 믿지 말라, 그랑 쥬떼

epilogue
237 오답노트의 의미

242 감사의 글
244 추천사
247 사진목차

prologue
나의 고백

내 소개를 먼저 해야 할 것 같다. 2012년도에 우연히 발레를 시작하고 개미지옥에 빠진 벌레처럼 헤어 나오지 못하다 이 재미있는 것을 어떻게 세상에 알려야 할지 고민 끝에 글을 쓰기 시작했다. '취미발레 윤여사'라는 필명으로 인터넷에 꾸준히 발레 에세이를 올린 것이 계기가 되어 정식으로 출간까지 하게 됐다. 거창한 문학이나 고상한 인문학으로 작가라는 타이틀을 거머쥔 것은 아니지만, 어쨌든 윤지영 작가라는 타이틀을 갖게 된 것이다. 특별히 잘난 구석은 없지만, 나이가 들어도 머릿속에서 늘 새롭고 재미있는 것에 대한 생각이 끊이지 않는 성격 덕분에 발레에 대한 기획도 진행할 수 있었다. 발레를 시작한 이후로 내가 벌여온 크고 작은 이벤트를 돌아보면 그동안 참 많은 일을 했다 싶더라. 그렇게 작가이자 기획자로서 발레라는 분야의 한구석에서 내가 좋아하는 쪽을 바라보며 묵묵히 내가 할 수 있는 일을 찾아서 갈 길을 가고 있었다.

취미발레를 시작해서 기본 에티켓과 생각을 담은 에세이를 펴냈으면 됐지, 무슨 이야기가 남았다고 또 발레 책을 낼까 하는 의문을 잠재우고자 나의 고백으로 서두를 연다. 이 책을 통해 '발레가 너무 재미있고, 유익하니 꼭 해보세요'라는 식의 전도를 하지 않을 것이다. 오히려 현재 취미발레 9년 차(이젠 연차를 말하기도 부끄러울 정도다)인 대한민국 취미발레인의 한 사람으로서 그동안 일어났던 사건과 내가 현재 집중하고 있는 것에 대한 솔직한 이야기를 하려 한다.

2016년, 발레를 너무나 좋아한 나머지, 가장 기본적인 일과를 제외하고는 모든 초점이 발레에 맞춰져 있던 나에게 일생의 큰 위기이자 사건이 일어났다. 뜻하지 않은 부상을 입고 이듬해인 2017년에 제대로 수술대에 오르게 됐다. 첫 책을 출간하고서 6개월 만에 벌어진 일이다. '하다 보면 아플 수도 있지! 호들갑은…'이라고 생각한 많은 사람 — 나 역시 그런 사람 중 하나였다 — 의 생각과는 달리 어설픈 부상이 아니었다. 건강한 몸, 즐거운 마음을 가지려 시작한 발레로 인해 오히려 불편한 몸, 닫힌 마음이 되고 보니 처음 무용실 문을 열었던 순간부터 지금까지의 나를 다시금 돌아볼 수 있었다. 그동안 나를 잘 아는 사람들에게도 이야기하지 않았던 숨은 속내, 극복하는 과정을 담담하게 시간 순서대로 꺼내서 하나씩 보여줄 것이다. 세상에 나와 있는 수많은 책들 속에 또 하나의 책을 내놓기로 한 이유는 재활을 하면서 이전에는 몰랐던 것을 하나씩 알게 됐기 때문이다. 물론 혼자서는 알 수 없었다. 무엇보다 좋은 스승을 만나고, 다시 처음부터 배우면서 지금껏 스치듯이 느낌으로만 알고 있던 발레의 이론에도 이렇게까지 명확한 방법과 지름길이 존재한다는 것을 알리고 싶은 마음이 가장 컸다.

    취미발레인이자 한 사람의 작가로서 지금까지 내가 썼던 글과 에세이를 발레에 관심 있는 사람들이 이미 읽고 있다는 것도 알고 있다. 그러기에 내용에는 신중을 기해야 하고, 책임감도 느끼고 있다. 또한, 무엇보다 글은 재미있고 독자가 내용을 알기 쉽게 설명해야 했다. 발레를 하면서 느꼈던 기쁨, 유머러스함도 글에 담을 것이고, 가슴속 묵직한 이야기도 글에 담을 것이다. 반올림하지 않아도 40대 중반을 넘긴 내가 발레를 바라보며 생각하는 것을 공유하고, 바른 몸 사용에 대한 유익한 방법을 많은 사람에게 전달하고 싶다. 먼저 자신의 몸을 대하는 마음가짐부터 인지시키고, 세세한 궁금증 하나에도 두루뭉술하지 않은 정확한 답을 알려주는 나의 스승, 발레계 간달프 최세영 선생님이 이 책의 처음부터 끝까지 따라다니며 친절하게 여러분을 가이드해줄 것이다.

    인터넷 속 취미발레 윤여사의 딱딱한 에세이가 아닌 취미발레인 윤지영 작가의 진짜 발레 이야기로 여러분을 초대한다. 도대체 나에게 어떤 일이 벌어졌던 것일까?

준비 초급

바른 발레 초석 다지기

첫 수업의 짜릿함

2012년 7월 2일 오전 10시 40분.

발레를 배우기 위해서 처음으로 무용실 문을 열었다. 그날은 세 아이 중 첫째와 둘째를 발레 학원에 등록시킨 지 두 달이 지나고, 나 역시 고민 끝에 용기를 내어 성인반에 등록한 날이다. 솔직히 아이들이 발레를 시작하고서 나도 하고 싶다는 생각이 들면서 이미 발레를 배우고 싶다는 쪽으로 마음이 기울었다. 하지만 대놓고 발레를 한다고 말하기에는 부끄러웠다. 그놈의 마흔이라는 나이가 부끄러웠고, 운동과는 거리가 먼 저질 체력의 내 몸뚱이가 부끄러웠다. 그래도 나는 용기를 내어 발레 세계에 한 발을 내디뎠다. 신기하게 8년 전 일인데도 그날 무용실 공기의 색깔마저도 묘사할 수 있다. 무더운 여름이었지만, 긴장감에 손바닥은 차가웠다. 원장님은 편안하게 나를 대해주며 발레 슈즈 사이즈를 봐주었지만 이미 발레리나의 오라(aura)가 뿜어져 나오는 그분은 나와는 다른 세상에 사는 사람인 것처럼 보였다. 심장은 푸른빛으로 차갑게 뛰었지만, 뭔지 모를 기대감에 무용실 속 공기는 마치 따뜻한 백열전구 앞에서 손을 가만히 대었을 때 느껴지는 열기와 흡사했다.

 막상 클래스가 시작되자 90분 내내 당혹스러웠다. 어릴 때 취미든 전공이든 발레를 경험했던 사람이 무용실로 컴백한 경우가 아니라면, 성인이 돼서 난생처음으로 발레 슈즈를 신고 바(bar) 앞에 서본 사람이라면 누구나 공감할 것이다. '이제부터 운동을 겸한 우아한 춤을 조금이라도 배울 수 있겠지?'라는 소심하면서도 야심 찬 마음으로 섰다가 1번 포지션부터 무너지고, 쁠리에(plié)라는 말도 안 되는 동작에 엉거주춤한 채 세상에서 제일 웃긴 자세를 취하게 됐다. 바 워크(barre work)가 진행될수록 슬랩스틱 몸개그도 모자라 선생님이 말하는 생전 처음 들어보는 외계어가 난무하던 동작 용어들에 정신줄을 놓을 것만 같았다. 잠시의 휴식 시간을 지나, 이젠 한숨 좀 돌리고 집에 가나 보다 싶었는데 선생님이 플로어로 나오란다. 그러고는 센터 워크라는 것을 한다. 바를 잡고도 헤맸는데, 바 없이 다리를 올리고, 내리고, 버티고, 들었다, 앞으로 찼다, 뒤로 찼다, 정말 기가 찼다. 곧이어 들고 차고 뛰는 연속 동작인 앙셴느망(enchainement)이 시작되고, 이를 설명하는 용어는 마치 중국의 소수 민족 언어처럼 들렸다.

 실생활에서 비슷한 상황을 비유하자면 대형 병원에 입원해서 담당 주치의 교수가 회진을 돌 때 인턴, 레지던트 한 부대가 환자인 내 앞에 몰려와서는 자기들끼리 알 수 없는 말로 한창 떠들고 있는 것과 같다. 분명히 내 몸과 내 질병에 대한 이야기인데 나만 모르는 상황, 걱정과 궁금증에 멍한 눈빛으로 그들을 바라보면 무심하게 "괜찮아요!"라고 말해주는 상황이랄까? 궁금해도 묻지 못하고, 사실 뭘 물어야 할지도 모르는 상황이다. 발레 첫 수업의 기분은 마치 병동 침대에 멍청하게 앉아 있는 환자가 된 것 같았다.

첫 수업의 순간이 바로 그랬다. 그저 멍하니 상황을 지켜보기만 했는데 발레라는 짜릿함에 그저 빠져들었다. 몸뚱이는 두뇌와 전혀 상관없이 움직이고, 운동다운 동작도 제대로 못 해서 땀도 나지 않았지만, 감성의 아드레날린은 폭발 상태였다. 아마 운동으로 흘리는 땀이 아니라 감정의 흥분으로 식은땀 같은 걸 줄줄 흘렸던 것 같기도 하다. 수업을 마치고서 나는 약간 넋 나간 사람처럼 실실 웃고 있었다. 첫 수업에서 이런 반응을 보인 사람은 대체로 열혈 취미발레인으로 갈 확률이 아주 높다.

대부분 취미발레를 처음 시작하는 사람은 거의 비슷한 감정을 경험했을 것이다. 이런 일반적인 상황을 알기에 대부분의 발레 학원 선생님들은 성인 발레 학원에 처음 발을 들인 사람들에게 큰 부담을 주지 않으려고 한다. 가벼운 마음으로 수업을 몇 번 듣고, 서서히 따라오도록 지도한다. 이 부분에 대해서는 선생님의 마음을 어느 정도 공감할 수 있다. 그 몇 번의 고비를 넘겨야 발레를 계속할지 말지를 결정하기 때문이다.

여기서 짚고 넘어갈 것이 있다. 만약 현재의 나에게 타임리프 능력이 있어서 첫 수업의 날로 돌아간다면 그때처럼 흥분 상태로 허둥지둥 보내지 않을 것이다. 춤추는 법은 모르지만, 분위기에 취하고 그 짜릿함에 빠져서 정작 첫날에 느껴야 할 포인트를 놓쳤기 때문이다. 발레를 시작하기로 했다면 이 첫날의 마음가짐과 첫인상은 상당히 중요하다.

　아무것도 몰라도 마냥 신나기만 했던 첫날의 나. 그 설렘이 강했기에 지금까지 발레 관련 글을 쓰고 일을 하는 이 자리까지 온 것이 사실이다. 하지만 분명 첫 수업에서만 얻을 수 있는 교훈이 있는데 당시의 나는 그것을 놓치고 말았다. 예를 하나 들어보자. 근사한 셔츠를 입었는데 첫 단추를 잘못 채워서 줄줄이 밀려버리면 결말은 비극이다. 요즘이야 겉과 속의 경계가 모호하고 일부러 단추를 엇갈려 채우는 셔츠 디자인이 있기는 하지만, 지금 예로 든 경우는 지극히 포멀한 정장 셔츠에 관한 이야기다. 온갖 맵시를 뽐내며 사람들 앞에 섰는데 정작 본인만 단추를 잘못 채운 상태를 모르고, 보는 사람이 더 당황해하는 상황이 펼쳐진다. 나를 바라보며 환히 웃는 상대방의 이에 고춧가루나 시금치가 끼어 있는데 말해야 하나 말아야 하나 고민하는 상황과도 비슷하다. 어쨌든 이럴 때 옛 어른들의 격언인 첫 단추가 중요하다는 말에 수긍하게 된다.

　발레 클래스에 들어서는 첫날, 어떤 동작 따위는 배우지 않아도 좋다. 오히려 앞사람만 쳐다보며 헐랭이춤 추듯 허우적거리다 나오면 첫 단추를 제대로 채운 것이 아니다. 첫날은 그저 바로 서는 것에만 집중하라고 말하고 싶다. 자신의 앞에 서 있는 사람이 현란하고 화려한 동작으로 온갖 춤사위를 펼치더라도 현혹되지 말고, 조급한 마음도 가지지 말자. 완벽하지 않은 내가 할 수 있는 한도 내에서 바른 1번 포지션으로 설 수 있기만 하면 된다. 제발 되지도 않는 180도 발 모양 만들겠다고 골반의 위치도 제대로 모르면서 반칙과 타협하고, 무릎과 발목을 억지로 뒤트는 행동도 하지 말자. 그저 몸의 양쪽 밸런스가 어느 정도 잘 맞는지 찬찬히 살펴봐야 한다.

'뭐? 야심 차게 발레를 시작했는데 첫날 겨우 서는 것에만 집중하라고? 이게 뭐 걸음마 배우는 수업이야?'라고 생각할지 모르지만 이것이 정석이다. 발레 클래스의 첫날, 몸으로 기억한 첫 단추는 이제부터 펼쳐질 당신의 발레 라이프에서 춤을 어떻게 만들어나갈지를 결정짓는 중요한 순간이다. 어쩌면 첫날에 경험하는 바르게 서기는 셔츠의 첫 단추를 채우는 것이 아니라 첫 단추의 위치를 '확인'하는 작업이라고 보면 된다. 진짜 첫 단추를 채우는 순간은 발을 뻗는 첫 움직임, 땅뒤(tendu)가 아닐까 싶다.

수영을 처음 배우는 사람에게 강사들이 무엇부터 가르치는가? 물에서 천천히 걸어보라고 시킨다. 물속에서의 몸의 움직임을 온몸으로 인지하고, 두뇌에 각인시키는 것이다. 피아노를 처음 배우는 사람은 손가락 번호를 익히고, 피아노 앞에 바르게 앉아서 건반에 손을 올릴 모양을 잡는 것부터 시작한다. 손 모양 잡기는 피아노 연주에 있어서 상당히 중요한 기본 중의 기본이다. 클라리넷을 처음 배우면 리드만 낀 마우스피스로 올바르게 호흡하고 소리 내는 연습만 한다. 관악기는 그냥 소리를 내는 것보다 어떤 호흡으로 악기를 부느냐에 따라 더 좋은 소리를 만들 수 있기 때문이다. 다음으로는 악기 잡는 법을 배운다. 바이올린도 첫날에는 악기에 대한 지식과 악기를 잡는 법을 배우고 보잉하는 활의 위치에 대한 이미지 트레이닝을 한다. 이처럼 운동이나 악기 레슨 첫날에 실시하는 이미지 트레이닝은 상당히 중요하다.

성인 발레 인구가 늘면서 클래스도 다양해지고, 초급자 레벨도 많이 생겼다. 그래도 여전히 성인 취미발레 전문 학원은 부족한 편이어서 여러 레벨을 합친 채로 수업이 진행되는 경우가 많다. 가르치는 선생님들은 부담 없이 마음을 비우고 참여하라고 하지만, 앞사람이 나보다 훨씬 높은 레벨의 사람일 경우에는 그게 말처럼 쉽지 않다. 그래서 첫날에는 이미지 트레이닝보다 조급한 마음에 허우적거리기 일쑤고, 신나고 흥분된 마음만 가지고 끝내기가 쉽다. 사실 성인 취미발레의 경우 선생님이 천천히 가르쳐주려고 해도 학생들 스스로 조급하게 달릴 때가 많다. 절대 처음부터 달리지 말라. 제대로 알아야 달릴 수 있다.

그래 좋다. 첫날의 짜릿함을 누르고 바르게 서는 것에만 집중하라고? 그렇다면 수십 년 동안 내가 해온 직립보행은 의미가 없단 말인가? 바르게 서는 것이 발레와 무슨 관계가 있는지, 발레를 잘할 수 있는 지름길인지 궁금하기만 하다.

발레계 간달프 쌤과
글로 배우는 기초 발레

1

준비 1강
바르게 서기

고민 끝에 첫 발레 수업에 도전하셨군요. 발레 세계에 입문하신 것을 환영합니다. 그런데 윤작가의 마음이 많이 흥분되어 있는 것 같네요. 물론 처음 접하는 분야이니 긴장되고, 마냥 좋기도 하고, 설레는 마음을 이해합니다. 바로 앞에서 이야기했던 바르게 서기가 발레와 어떤 상관관계가 있는지도 궁금할 겁니다. 아주 바람직한 의문입니다. 결론부터 말하자면 일상생활과 발레를 종합해서 바르게 서기는 아주 중요합니다. 일반적으로 발레라고 하면 점프, 삐루에뜨(pirouette), 유연성 같은 것에만 집중하기 쉽습니다. 하지만 발레는 가장 기본적인 바르게 서기에서 출발합니다. 그래서 여기서는 걸음마처럼 느껴지지만 바르게 서는 데 어떤 것이 중요한지 알기 쉽게 설명을 할까 합니다.

발레의 기초, 바르게 서기는 어떤 것인가?
발레를 처음 접하는 학생들! 설렘 가득한 마음을 잠시 가라앉히고 지금 1번 포지션으로 거울 앞에 서보세요. 지금은 우리가 보통 생각하는 발레리나다운 자세를 생각하지 말고 자신이 할 수 있는 가장 자연스럽고 편안한 자세로 서는 게 중요합니다. 처음부터 양발을 180도 벌리겠다는 생각에 무릎, 발뒤꿈치만 앞으로 향하도록 하는 행동은 하지 말고 최대한 편안한 각도로 서도록 하세요. 정면에서 봤을 때 좌우대칭은 어느 정도 맞는 것 같은가요? 맞았다면 좌향좌든 우향우든 90도로 몸을 돌려서 측면을 살펴보도록 합시다.

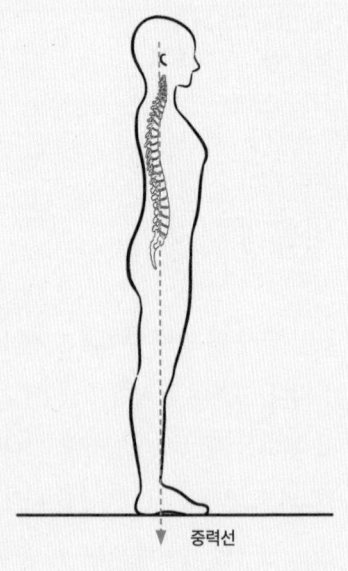

〈인체를 통과하는 중력선〉

귀, 어깨, 엉덩관절(고관절, hip joint), 무릎, 복숭아뼈 앞쪽으로 라인이 연결되는지 잘 살펴보세요. 이것이 인체를 통과하는 중력선(line of gravity)입니다. 만약 자연스러운 중력선이 형성되지 않았다면 당신의 몸 어느 한 부분의 중심이 깨져 있는 것입니다. 라인이 정리되게 서 있다면 그 상태로 가만히 눈을 감고 약 1분 동안 부동자세로 서 있어보기를 권합니다.

이때 집중해야 할 부분은 발바닥 엄지발가락 하단에 위치한 종자뼈(sesamoid bone)입니다. 평소 서 있을 때는 종자뼈와 새끼발가락 아래쪽, 발뒤꿈치를 연결하는 역이등변 삼각형 모양으로 무게중심(COM, center of mass)이 잡혀 있어야 건강한 보행을 할 수 있습니다. 그러나 발레를 할 때에는 대부분 를르베 업(relevé up)을 서야 하는 운명이기에 엄지발가락 하단 발바닥에서 볼록 나와 있는 종자뼈에 집중해야 합니다. 1번 포지션으로 부동의 자세로 서 있다 보면, 예상 외의 발바닥 자극이나 통증이 느껴질 수 있습니다. 이것은 발바닥의 아치를 세우기 위한 발바닥근(plantar muscle)의 올바른 사용 신호이니 당황하지 마십시오.

발바닥 소생술, 소중한 당신의 종자뼈

발레를 배우면서 대부분 범하는 오류가 기초 레벨을 은근슬쩍 넘기고 다음 단계로 진도를 나가는 경우입니다. 보통 계속하다 보면 언젠가는 될 것이라는 잘못된 믿음을 가지고 진도에만 집중을 하거나 단순히 테크닉을 익히기 위해 가장 기본적인 것을 간과한 채 무턱대고 열심히만 하는 거죠. 이것은 우리의 몸에 큰 범죄를 저지르는 것과 같습니다. 하나의 예를 들어볼게요. 엄지발가락 쪽에 힘을 싣지만, 아치를 들어 올릴 욕심에 은근슬쩍 새끼발가락 쪽에 체중을 실으면서 마치 그렇지 않은 척하거나, 또는 다섯 발가락을 은근슬쩍 오므리면서 아치가 올라

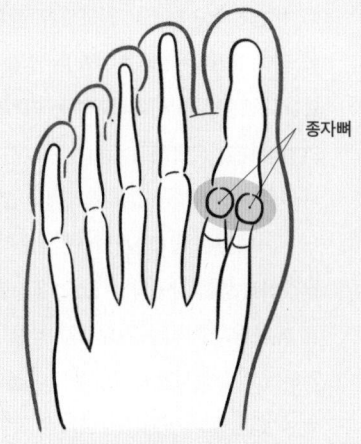

〈발바닥 종자뼈 위치〉

"일상생활 중에도
종자뼈의 사용에 집중하자"

갔다고 믿기도 합니다. 누구나 한번쯤은 해봤을 겁니다. 이것은 중심을 잘못 사용하고 있는 경우입니다.

당장 엄지발가락 쪽의 아치가 형성되지 않더라도 우선은 당신의 소중한 엄지발가락 쪽 종자뼈에 집중하길 바랍니다. 이것을 잘 사용했다는 것을 증명하기 위해서는 발바닥을 바닥에 잘 붙이고, 서서히 드미 포인트(demi-pointe)로 서보도록 합시다. 바로 중간 과정 없이 를르베 업으로 한번에 휙 서버리면 안 됩니다. 끝까지 를르베 업을 하는 것은 드미 포인트의 과정이 익숙해진 다음에 하도록 합시다.

여기서 주의할 점은 서서히 를르베(relevé)를 할 때 발바닥과 발가락의 힘을 사용하는 것입니다. 두 발로 서면서 오직 발등에만 힘을 주고 밀어내면 안 됩니다. 발등을 밀어내는 느낌과 발바닥의 종자뼈 주변을 집중해서 사용하는 근육은 엄연히 다릅니

다. 천천히 집중해서 수행하도록 하세요. 여기서 자신이 제대로 하고 있는지 검증하려면, 양쪽 발 를르베의 높이와 한 발 를르베를 할 때 동일한 높이가 구현되었는지를 보세요. 특히 한 발로 설 때 지지하는 다리의 무릎을 끝까지 폈는지 체크합시다. 드미 포인트의 를르베가 정확하고 익숙해진 다음 완전한 를르베 업을 서야 합니다. 과정 없이 결과만을 향해 달려가지 말고 단계별로 진행합시다.

이것은 단지 발레에만 적용되지 않습니다. 발바닥 근육을 제대로 소생시켜야 건강하게 몸을 사용할 수 있습니다. 앞으로 진행될 수업에서 다양하게 신경 써야 할 신체 부위에 대한 팁을 일상생활에서도 적용하면 됩니다. 우선 바르게 서고 걷는 것부터 익혀봅시다. 작지만 이 중요한 기초들이 모여서 당신이 더욱 행복한 움직임으로 발레를 할 수 있는 토대가 된다는 것을 믿고 따라와주길 바랍니다.

두 번째 수업의 욕망

직접 말하지 않았지만 내 가족은 그날 이후 발레에 빠진 내 마음을 눈치 챘을 것이다. 도저히 포커페이스를 유지할 수 없었다. 첫 수업을 마치고 집으로 돌아올 때 그 저질 몸뚱이를 이끌면서도 나는 이미 구름 위를 걷는 것 같았다. 아직까지 뭐가 뭔지 몰라도 이렇게 재미있는 발레를 배울 수 있다는 사실 자체에 흥분해 있었고, 다른 한쪽에서는 그 즐거움을 누리기에 내가 알고 있는 지식은 0에도 미치지 못하고 마이너스 상태에 머물러 있다는 것을 깨달았다. 당시 불어라고는 전혀 몰랐기 때문에 발레 용어를 한 개도 알 수 없었다. 발레에 관한 에티켓 하나라도 아는 척하며 그럴듯한 분위기를 뽐내고 싶은 내 상태는 무식쟁이 그 자체였다.

마치 어느 날 갑자기 눈앞에 하트가 주르륵 떨어져 내릴 만큼 첫눈에 반한 상대가 나타났는데 나에 비해서 그 사람이 너무 대단한 존재인 상황 같았다. 그런데도 상대의 마음을 얻고 싶다면 어떻게 해야겠는가?

죽기 살기로 상대를 조사하고, 그 사람의 일상 코드에 맞추기 위해서 별 짓을 다하게 될 것이다. 정말 상대의 눈에 들기 위해서 온갖 주접도 서슴지 않는 부작용이 일어날 수도 있다. 발레는 나에게 그런 존재였고, 내가 바로 발레에 대해서 그런 행동을 했다.

집에 와서는 아이들 육아 일과를 마치고 나서 발레에 관한 온갖 정보를 검색했다. 내가 발레를 처음 시작했을 땐 취미발레 관련 서적도 별로 없었고, 인터넷에 많은 정보가 있는 편도 아니었다. 그래도 눈에 보이는 모든 것을 그냥 꾸역꾸역 집어삼켰다. 발레라는 상대의 눈높이에 들기 위해서 어떤 정보도 필터링하지 않고, 받아들이면 된다고 믿었다. 꼭 일본 애니메이션 〈센과 치히로의 행방불명〉에 나오는 불쌍한 정령 가오나시처럼 말이다. 외로운 영혼이 뭔가에 꽂혀서 정신줄 놓고 먹어 치우다 자신의 본모습을 잃게 되는 것처럼…. 어쨌든 첫 수업의 짜릿함에 취해 나는 이틀 뒤에 있을 두 번째 수업에서 '덜' 무식해 보이려고 48시간 동안 어지간히 애를 썼다. 발 포지션이 1번부터 5번까지 있다는 것을 대강 숙지했고, 팔 동작인 포르 드 브라(port de bras)는 어려우니 일단 패스하고, 지금껏 본 적도 없는 콩쿠르 영상을 뒤적이며 살펴보기도 했다. 여전히 무대 위의 춤은 낯설고 은하계 다른 별의 요정이 잠시 지구에 내려온 듯 보였다. 그러면서도 마음 한구석에서는 '어머, 내가 이렇게 대단한 발레를 하게 된 거야? 나도 하다 보면 이런 비슷한 흉내라도 낼 수 있겠지?' 하면서 은근히 기대를 품었다. 발레를 전혀 모르는 나였지만 희망의 뭉게구름이 머리 위에서 풍선처럼 부풀었다.

첫 수업 이후 두 번째 수업까지의 골든타임 48시간 동안 내가 키웠던 감정은 '욕망'이었던 것 같다. 욕심과는 조금 달랐다. 그냥 잘해서 어디 진학을 하거나 콩쿠르에서 상을 받는 것은 아니지만 좀 더 본능에 가까운 긴밀한 욕망을 꿈꿨다고 할까. 누군가에게 인정받기보다는 내가 좀 더 나은 사람이 되고픈 갈망 비슷한 것.

다행히 48시간의 벼락치기는 꽤 효과가 있었다. 첫 수업에서 나와 함께 시작했던 신입회원에 비해 나는 장족의 발전을 보였다. 첫 시간에 클래스 수행능력이 10퍼센트 미만이었다면, 두 번째 수업에서는 얼추 50퍼센트 가까이 순서를 흉내 내고 따라 할 수 있었다. 발레 자체를 알기보다는 발레 클래스의 분위기를 빨리 파악하려고 눈치 레이더의 탐지력을 최고치로 올렸던 것 같다. 어쨌거나 선생님은 곧잘 순서를 따라 하는 나를 많이 격려해주고 칭찬해주었다.

게다가 나는 유연했다. 초등학교 저학년 때까지 일명 다리찢기인 앞뒤 180도 스플릿이 되었던 것이 가물가물 기억났다. 그런데 이게 웬일인가. 바 워크 끝나고 림바링(limbering)을 하면서 바를 잡고 스플릿 시도를 하는데 몸이 내려갔다. 그동안 한번도 해본 적이 없었는데…. 너무 좋아서 속으로 쾌재를 불렀다. 두 번째 수업에서 완벽한 180도는 아니지만, 몸이 느끼기에 몇 번만 더 하면 발레리나들이나 한다는 그 스트레칭을 비슷하게 할 것 같았다. 그러고 보니 바 워크에서도 1번 포지션 발동작을 할 때 180도가 자연스럽게 되지 않았던가! 4번, 5번 포지션에서만 좀 어려웠지.

아…. 욕망의 불꽃이여! 선천적으로 타고난 나의 유연성이 욕망의 불꽃에 휘발유를 끼얹은 셈이다. 이 욕망이 나에게 약이 되었을지, 독이 되었을지는 나중에 다시 이야기하도록 하겠다.

여기까지 읽다 보면 내가 운동을 상당히 좋아하는 사람이고 어떤 일이든 바로 몰입하는 성향이라고 생각할지 모른다. 그런데 여러분의 예측과는 정반대다. 오히려 꾸준히 하는 운동이 거의 없고, 할 줄 아는 운동은 수영 외에는 없다. 흔한 자전거, 인라인, 스키, 스케이트 같은 것도 탈 줄 모른다.

운동 성취도의 정상 분포 곡선이 있다면 95퍼센트 허용 표집오차에서 나는 아래쪽 곡선, 약 최하 5퍼센트쯤에 속하지 않을까 싶다. 그런데 발레를 만나고 깨닫게 됐다. '나는 운동을 못한 게 아니라 개발되지 않은 거야.' 지금부터라도 열심히 하면 엄청난 결과를 낳게 될 거라는 자신감이 스멀스멀 올라왔다. 이 거칠고 펄떡이는 욕망은 나에게 건강과 활력이라는 약을 주기도 했다. 반면 종이에 스윽 베인 상처에 피가 스며 나와도 그냥 내버려둬서 감염에 이르듯 내 몸 어딘가로 부지불식간에 천천히 독 같은 것이 퍼져나가기 시작했다. 물론 두 번째 수업에서는 그런 생각은 아예 떠올리지도 않았다.

발레계 간달프 쌤과
글로 배우는 기초 발레

준비 2강

내 턴 아웃의 현주소

주제부터 심상치 않죠? 이번 강의는 발레의 기초이자 판도라의 상자인 턴 아웃(turn out)에 대한 이야기입니다. 발레를 시작하면 누구나 듣는 용어가 턴 아웃일 겁니다. 우리 윤작가도 턴 아웃이 금방 될 것 같다면서 마음속으로 기뻐하는 모습을 보이기도 했는데요. 과연 제대로 된 턴 아웃은 무엇일까요? 보통 발레 하면 연상되는 턴 아웃이라면 일반인들은 '팔자걸음'을 생각합니다. 그저 차렷 자세로 섰을 때 양발이 최대한 180도로 벌어지면 턴 아웃이 잘되는 체형이라고 착각하죠.

  올바른 턴 아웃은 발레를 떠나서 신체 건강에 상당히 유익합니다. 그러나 대부분의 사람이 턴 아웃의 진정한 의미를 모른 채 턴 아웃을 시도합니다. 발레를 처음 배우는 사람이 몸의 구조를 이해하지 않은 채 턴 아웃을 하면 관절의 변형과 인대나 근육의 손상을 입기가 쉽습니다(윤작가도 발레에 푹 빠진 것 같은데 바른 턴 아웃을 시도할지 조금 걱정됩니다). 또 한 가지, 인간의 건강한 직립보행은 턴 인과 턴 아웃이 조화롭게 이루어질 때 비로소 완성되기에 둘 다 매우 중요합니다. 지금부터는 턴 아웃이 발레의 전유물이라는 고정관념을 버리고, 턴 아웃만큼 턴 인의 훈련에도 노력을 기울이길 바랍니다.

발레에서 턴 아웃은 왜 중요한가?

올바른 턴 아웃을 해야 하는 이유는 몸의 중심을 유지하는 안정성을 확보하기 위해서입니다. 턴 아웃의 궁극적 목적은 발레의 미학적 라인을 극대화하는 것입니다. 보통 한쪽 다리를 들어 올리는 동작을 떠올려봅시다. 이때 높이는 신경 쓰지 마세요. 바른 턴 아웃 상태에서 한쪽 다리를 들어 올리려면 서 있는 쪽으로 무게중심이 실리는 동시에 바른 자세를 유지하기 위해서 필요한 몇 지점에 정확히 힘을 주어야 합니다(전후 사정을 생각하지 않고 엉덩이에만 집중해 꽉 조이며 힘을 주는 것은 상당히 잘못된 방법입니다. 이 부분에 대한 부연 설명은 '준비 3강. 올바른 턴 아웃 개선법'에서 언급하겠습니다). 스트레칭으로 인해 유연성만 향상시키고 근력이 부족해 자세를 유지하지 못하는 것, 또는 반대로 근력은 있는데 유연성이 없어서 다리를 제대로 못 드는 것, 어느 쪽도 바람직하지 않습니다.

의미 있는 턴 아웃은 무릎과 발목이 아닌 엉덩관절의 외회전 움직임에 필요한 스트레칭과 근력을 균형 있게 만들어야 가능한 동작입니다. 발바닥을 바닥에 꽉 붙인 채 바닥의 마찰력을 이용한다든지, 자신도 모르게 바에 슬쩍 의지한 채 무릎과 발목을 뒤틀어서 수행하는 턴 아웃은 상당히 위험합니다. 이런 식으로 턴 아웃을 수행하면 하체를 바르게 움직이도록 조절하기 어렵습니다. 바 워크에서도 바에 의지하지 않고 스스로 엉덩관절의 턴 아웃을 유지해야 비로소 진정한 중심 잡기가 시작된다고 할 수 있습니다. 이렇게 실현된 움직임은 동작의 안정성을 가져오고 발레에서 요구하는 턴 아웃의 미학을 나타낼 수 있게 됩니다.

자! 각자 수업 시간에 들은 대로 이미 알겠지만, 턴 아웃의 시작점은 무릎이나 발목이 아닌 엉덩관절입니다.

TIP! 여기서 잠깐!

생각난 김에 발레에서 흔히 사용하는 상당히 잘못된 상식 하나를 바로잡고자 합니다. 발레를 할 때 엉덩이 괄약근에 힘을 꽉 주라고 하면서 '힙 조인'이라는 말을 하곤 합니다. 그러나 이건 전문 용어도 아니고 콩글리시도 아닌 이상한 합성어입니다. 실제로 힙 조인(hip join→×)이라는 영어 단어는 존재하지도 않고, 괄약근에 힘을 준다고 힙을 조임하는 것도 말이 안 되니까요. 당연히 한영 합성어도 아닙니다. 무엇보다 힙 조인트(hip joint)는 명확하게 엉덩관절(고관절, 골반과 넙다리뼈가 이루는 관절)을 지칭하는 일반 명사이니, 괄약근에 힘 좀 준다고 힙 조인이라는 잘못된 용어를 사용하지 맙시다. 더불어 엉덩이 힘 주기에도 근육 레이어에 따른 순서가 있습니다. 무조건 괄약근에만 힘을 주면 본질적으로 힘을 주어야 하는 엉덩이 속근육에는 힘을 주기가 어려우니 주의해야 합니다.

아무리 글로 배우는 발레라고 해도 몸에 관한 움직임을 글로 이해하는 데 한계가 있습니다. 책을 읽으면서 바로 일어서서 동작으로 해보는 게 좋을 것 같네요. 턴 아웃을 제대로 하고 있는지, 잘못된 무리한 턴 아웃으로 관절의 변형은 없는지 확인하는 자가 진단법을 설명하겠습니다.

바닥에 매트나 얇은 요를 깔고 천장을 바라보고 똑바로 눕습니다. 전신 거울을 몸 측면에 두고 눕는 것이 좋습니다. 이때 허리뼈 부분이 정상적인 전만 곡선(lodosis curve)을 이루도록(자신의 손바닥이 자연스럽게 들어갈 정도) 하면 골반의 각도가 지면과 평행 상태에 가깝게 유지될 것입니다. 이때 한 점의 치골(pubic bone)과 두 점의 위앞엉덩뼈가시(ASIS, anterior superior iliac spine)가 이루는 면에 두꺼운 책이나 단단한 판을 얹어보세요. 아랫배가 나와서 스스로 민망한 경우는 당황하지 말고 지그시 눌러서 두꺼운 책이 직접적으로 뼈의 세 지점과 닿도록 유지하면 되겠죠. 혼자서 위치를 파악하기 어려우면 다른 사람이 책으로 눌러주는 것도 괜찮습니다.

이런 어려운 시도 끝에 책의 면이 바닥과 평행하다면 골반이 중립(neutral) 상태에 가까워졌다고 볼 수 있습니다. 아마 여기까지도 당신이 머릿속으로 떠올린 이미지와

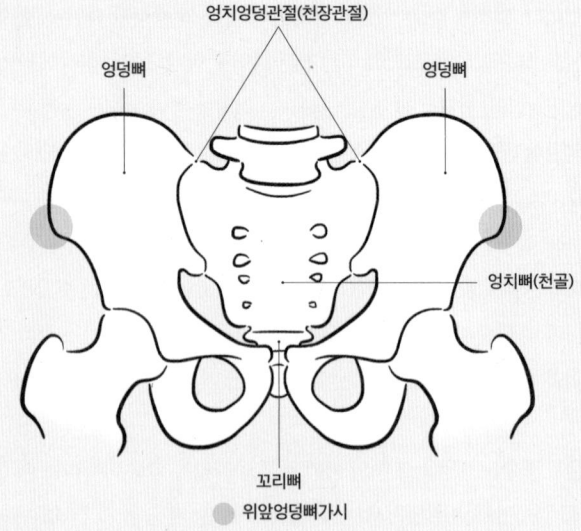

〈골반뼈 구조〉
위앞엉덩뼈가시와 치골 결합의 위치

는 상당히 다른 위치에 골반을 두고 생활했다는 것을 깨닫게 될 겁니다.

중립 상태의 골반 위치에 집중하며 누운 상태에서 양발 끝을 바깥으로 돌리는 동작을 취해봅시다. 이때 발레를 처음 접한 사람이라면 무의식적으로 발끝이나 발뒤꿈치에 모든 신경을 집중하기 쉽습니다. 그러나 발끝을 돌리는 움직임은 하나의 현상에 불과합니다. 이전 방식대로 발끝만 확확 돌리며 발꿈치를 앞으로만 향하게 하는 행동은 금물! 지금까지의 방법을 머릿속에서 깨끗이 비우고 집중해보도록 하죠. 다시 한번 생각해보면 제대로 된 턴 아웃은 발끝이나 발목, 또는 무릎이 아니라 엉덩관절에서 바깥 방향으로 회전을 만든다는 것을 인지할 수 있을 겁니다.

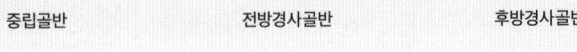

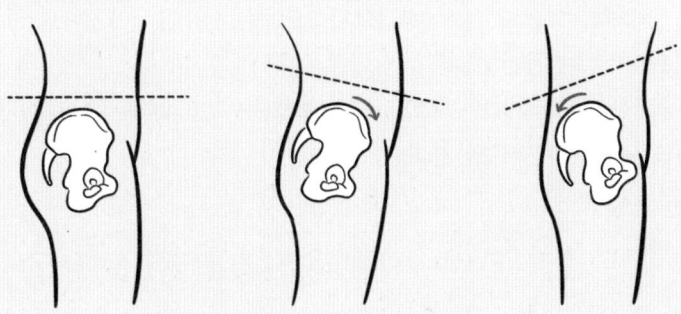

〈골반의 기울기에 따른 체형의 변화〉

누운 상태에서 본인의 엉덩관절을 이용해 외회전을 만드는 양발의 각도가 본인이 할 수 있는 턴 아웃 운동범위(ROM, range of motion)입니다. 엉덩관절에 집중해서 시도하는 턴 아웃은 180도를 이루기도 어렵고, 반동을 이용해서 억지로 시도해도 180도에 가까운 상태를 '계속' 유지하기가 어려울 것입니다. 정작 힘을 주어야 할 곳에 힘을 주지 않고, 쉽게 엉덩이 괄약근에만 힘을 꽉 주는 경우는 엉덩이의 겉근육에만 힘이 들어가게 됩니다. 나아가서 골반이 후방으로 기울어진 상태가 됩니다. 아니면 발끝이나 발목에만 죽기 살기로 힘을 준 경우일 수도 있고요. 즉, 힘을 제대로 줄 곳과 정작 힘을 풀어야 할 곳을 부정확하게 인지하게 됩니다.

이런 방식의 자가 테스트는 보통 바를 잡고 서서 하는 턴 아웃과 확연히 다른 느낌이 들 겁니다. 누워서도 발끝에 집중해서 발목과 무릎에 힘을 주고 하는 턴 아웃은 익숙할 것이고요. 그러나 엉덩관절에 집중해서 턴 아웃을 시도해보면 지금까지 쉽게 해왔던 것과는 아주 달라서, 좀 더 솔직히 표현하면 머릿속이 뒤죽박죽해지다 못해서 머릿속이 하얘질 것입니다. 그렇다면 우리가 지금까지 해왔던 발레의 기초는 도대체 무엇이었을까요? 이 방법대로 진단을 받고 보통 느꼈던 감정을 솔직히 고백하면 이럴 것 같네요.

"어머나 말도 안 돼! 이게 진짜 나의 턴 아웃이라고? 그래도 바에 섰을 땐 180도 턴 아웃을 자랑하던 나인데!"

현실을 보고 놀랐다면, 그 마음을 잠시 진정하기 바랍니다. 개선의 여지가 있으니 놀라지 마세요. 여기서 그냥 끝나지 않습니다.

발레, 너란 존재는 밀당의 천재

나는 쉬지 않고 달렸다. 1년 동안 주 3회 클래스를 들으며 한 번도 결석한 적이 없었다. 당시 내 모든 스케줄 중 마음속 우선순위는 발레 클래스에 맞춰져 있었다. 심지어 한번은 이런 경우도 있었다. 정기적인 건강검진 중 약간의 이상 징후가 생겨서 응급으로 조직검사를 한 적이 있다. 마취도 없이 목 주변 조직검사를 위해 세포를 떼어내는 생검 수술을 한 날에도 목에 커다란 반창고를 붙이고 당일 저녁 발레 클래스에 갔다. 오히려 그런 상태로 클래스에 온 나를 본 원장님이 당황하셨다. 사실 내가 제정신이 아니었던 게 맞다. 링거 주사를 꽂고 발레를 하겠다는 것과 같은 상황인 거니까. 얼마나 부담스러웠을까. 지금 생각하면 얼굴이 다 화끈거린다. 이제는 필요 이상의 열정이 상대를 힘들게 한다는 것을 알고 있다. 어쨌든 당시 나의 스트레스 해소 방법은 오직 발레뿐이었다.

그렇게 취미발레를 시작한 지 일 년쯤 지나자 초보 티를 완전히 벗기 시작했다. 발레 시작 2주 차에 이미 180도 앞뒤 스플릿 스트레칭에 성공해서 같은 클래스의 수강생들에게 박수를 받을 정도였고, 새로운 바 워크 클래스의 순서도 나오자마자 열심히 외워서 금방 숙지하게 됐다. 그때 당시 입으로는 "휴우~ 잘하려면 아직 멀었어요! 나는 언제 뭐가 제대로 될까요~."라고 말했지만 나는 이미 은근슬쩍 새로 등록한 수강생을 슬슬 이끄는, 일명 클래스의 반장 역할을 하고 있었다. 기껏 자기 돈 내고 결석하는 수강생을 마음속으로 살짝 비난하기도 했고, 상대적으로 열심인 내가 그들보다 좀 더 나은 사람이라는 우쭐한 기분도 들었다.

그렇게 근본도 없는 우월감에 빠져서 허우적대던 가장 큰 이유는 발레가 너무 재밌었기 때문이다. 이 재미있는 것을 나이 마흔에 시작했고, 남들보다 늦게 시작했으니 늦은 만큼 재미에 관한 본전을 뽑겠다는 생각이 은연중에 스며 있었을지도 모른다. 처음 등록한 수강생들은 자연스럽게 나에게 언제부터 발레를 했냐는 질문을 하기도 했고, 기가 세어 보이는 나이 많은 반장에게 잘 보이려고 했는지 심지어는 발레를 전공했냐고 묻기도 했다. 그럴 땐 "어머! 말도 안 돼요. 저 같은 사람이 전공이라고 하면 진짜 발레리나들에게 정말 실례를 범하는 거죠!"라고 말을 하면서도 입꼬리는 이미 미소를 띠고 있었으리라. 아… 열심히 한 보람이 있구나. 그리고 남들이 보기에도 꽤 잘하는 것처럼 보인다는 자신감이 하늘을 찌르고 있었고, 그런 상황을 즐기기도 했다.

작은 키에도 불구하고 나는 점프력이 좋았고, 무엇이라고 확실히 꼭 집어내기는 어려워도 처음보다 실력이 엄청나게 늘어 있었다. 발등 아치는 타고났고, 게다가 발레를 하는 사람이라면 다 갖고 싶어 하는 환상의 엑스자형(X shape) 다리를 소유한 사람이었다. 남들은 한 번에 잘 안 된다는 턴 아웃도 나는 너무나 쉽게 처음부터 180도가 딱! 되는 사람이었다(물론 지금은 이런 외형적인 조건이 전부가 아니라는 것을 알고 있다. 심지어 당시에는 이런 요소들이 오히려 나에게 큰 걸림돌이 될 것이라는 상상은 아예 하지도 않았다).

매트 운동, 바 워크, 센터 워크, 일주일에 한 번 있는 바리에이션 수업까지…. 정말 일주일에 세 번 있는 수업만으로는 아쉬울 정도로 행복하고 기뻤다. 시간과 금전적 여유가 있다면 개인 레슨을 받고 싶을 정도였다. 취미로 발레를 하는 중년 부인이 개인 레슨을 입에 올린다는 것이 너무하다 싶어서 그것만큼은 꾹 참았다. 하지만 발레 영상도 많이 보고, 클래스에서 되지 않은 동작이 있으면 밤에 발레 슈즈를 신고 혼자 마루에서 연습을 했다.

정말이지 이때는 내가 이렇게 사랑에 빠진 발레를 많은 사람에게 알리고 싶다는 생각만이 머릿속에 가득했다. 그러다 정말 주변 사람들에게 발레가 얼마나 좋은지 전도하는 전도사가 되기 시작했고, 다행히 내 아이들도 발레를 재미있어 했다. 내가 수강하는 클래스뿐만 아니라, 생애 처음으로 발레 공연도 관람하게 됐다. 발레에 대해서 약간의 지식을 갖고 보게 된 공연은 그야말로 꿀잼이었다. 발레와 관련된 모든 것들에 크고 작은 관심과 애정을 쏟게 됐다. 이유는? 단순하다. 정말 재밌었고 나는 그 바다에서 마냥 즐기고만 싶었기에….

육아와 집안일이 힘들어도, 간혹 부부싸움 이후에 화가 나 있어도, 여러 가지 스트레스가 가중돼도 발레 클래스만 가면 대부분의 감정 문제를 해소하고 나올 수 있었다. 일상에서 나에게 일어나는 다수의 감정적 억압에서도 발레는 나의 가장 좋은 친구였다. 분명 근사하고 까칠한 것 같은데 유머 감각을 갖추고 있어서 더욱 헤어 나오지 못하게 하는 친구, 끊임없이 나에게 도전 의식을 불러일으키면서도 내 주변을 맴도는 친구, 발레가 바로 그런 멋진 존재였다. 우울해도, 몸이 아파도, 일상이 고단해도 이 모든 것을 발레라는 멋진 친구에게 털어놓으면 해소가 됐다. 아마 발레는 밀당의 천재인가 보다. 아니면 내가 이 매혹적인 존재에 흠뻑 빠져 있으니 이 친구가 진짜 어떤 존재라는 것을 깊이 고민하지 않은 것이었을지도 모른다.

어느 날 내게 다가온 친구. 우연히 친해진 친구와 오랜 세월을 함께한 경험은 누구에게나 있을 것이다. 그런데 어떤 계기로, 아니면 특별한 이유도 없이 그 친구가 서서히 멀어졌거나 아예 등을 돌리게 된 경험은 없는가? 간혹 나는 아직 인연의 끝을 맺을 생각이 없는데 친구의 관계가 종료된 경우가 있다. 둘 사이에 오해가 있었을지도 모르고, 어쩌면 서로에 대한 깊은 통찰 없이 그저 감정에만 이끌려서 가까워졌다가 쉽게 멀어졌을지도 모른다. 하긴 누군가와 금세 사랑에 빠지는 것을 논리로 설명할 수 있겠는가? 그냥 이유 없이 끌리는 거지. 그러나 그 관계가 견고하게 유지되려면 서로를 알아야 한다.

발레는 나에게 재미있고 어렵지만 매력적인 친구였다. 그것에 이끌려서 친구의 본질에 대한 고민 없이 마냥 그쪽으로 달려갔던 것 같다. 그럼 뭐지? 내가 바보 같은 거였나? 아니면 발레라는 이 친구는 나를 홀리려고 작정한 밀당의 달인이란 말인가. 왜 난 한낱 취미로 시작한 발레에 이렇게 집착하고 많은 것을 고민하게 됐을까? 가끔 머릿속을 헤집고 다니던 생각의 물결이었지만 그래도 나는 마냥 발레가 좋았다. 그리고 발레에 대한 열정이라는 감정의 모라토리엄이 영원으로 이어졌으면 했다.

발레계 간달프 쌤과
글로 배우는 기초 발레

3

준비 3강

올바른 턴 아웃 개선법

혹시 지난번에 시도해본 턴 아웃 현주소의 충격에서 아직 빠져나오지 못하고 계신가요? 실망하거나 포기하기는 이릅니다. 이런 상황은 발레에 대한 정확한 이해가 없다면 누구나 겪을 수 있는 과정이니 실망감에 섣불리 발레를 멀리하지는 않았으면 좋겠네요. 그나저나 윤작가는 실력이 꽤 향상된 것 같기는 하지만 열정 폭발로 인한 부작용이 생기지 않을까 여전히 걱정됩니다.

　이왕 놀란 김에 이쯤에서 한 번 더 놀라고 나서 다음에 개선점을 논의하는 게 좋을 것 같네요. 이번 시간에는 본인의 턴 아웃의 현재 상태와 그것을 뒷받침하는 근육량에 대해 간단하게 체크해볼 것입니다. 또 다른 놀라움을 주기도 하지만, 신기한 면도 있으니 집중해서 한번 시도해보세요.

턴 아웃 상태 자가 테스트법

지금 일어나 발레 바로 다가가 예전의 방식대로 자신 있게 180도 턴 아웃을 해봅시다. 발레 좀 했다고 하는 취미발레인들은 그리 어렵지 않게 180도 턴 아웃 1번 발이 가능할 것입니다. 원래 하던 대로 양쪽 발뒤꿈치를 딱 붙이고, 한쪽 팔은 바를 잡고, 한쪽 팔은 우아하게 앙 바(en bas) 자세를 취해봅시다.

　자, 여기서 끝이 아닙니다. 바 바깥쪽 발, 즉 워킹 레그(working leg)한 발을 쒸르 르 꾸드삐에(sur le cou-de-pied)로 앞, 뒤 상관없이 편하게 댄 채 오로지 스탠딩 레그(standing leg)로만 중심을 잡고 유지해봅니다. 무릎은 구부리지 않고 꼿꼿이 펴야 하고 발의 위치는 변화 없이 계속 유지합니다. 이제 바를 잡았던 손을 조심스럽게 놓았을 때 일어나는 현상에 주목해봅니다. 대부분의 경우는 정면을 향하고 있던 골반이 서 있는 발쪽 방향으로 스르륵 돌아갈 것입니다. 회전이 멈추면 자신이 중심을 잡고 있는 골반 방향이 본인의 새로운 정면으로 설정됩니다. 이때 새로 설정된 정면 방향을 기준으로 서 있는 발의 각도를 체크해보세요. 아마도 누워 있을 때 만들어진 각도와 거의 동일한 각도인 것을 인지하게 될 것입니다.

이것이 당신의 턴 아웃 현주소입니다.
누워서 시도했을 땐 실망스러운 턴 아웃, 일어서서 바를 잡고서는 다시 180도 턴 아웃 가능, 그러나 한 발 들고 한 손을 뗐을 땐 누웠을 때와 다시 동일한 상황이 발생한 겁니다. 보통 우리가 수업 중 바에 의지하지 말라는 말을 듣곤 하는데, 부지불식간에 바에 의지하고 있었다는 것을 입증하는 셈이죠. 또한 한 손 바 워크를 할 때 워킹 레그를 약 45도 드는 동작[데가제(dégagé), 퐁뒤(fondu), 데블로뻬(développé), 바뜨망(battement), 프라뻬(frappé) 등]을 할 때 바를 잡고 있는 손을 어떻게 하고 있었는지 돌이켜봅시다. 엄지를 사용하지 말라는 주의에 본인은 힘을 주지 않았다고 생각해도 자신도 모르는 사이에 몸이 바 쪽으로 돌아가지 않게끔 바를 잡고 있는 손에 힘을 주고 있었을 겁니다.

　물론 이 실습을 할 때 한 발 쒸르 르 꾸드삐에 상태에서 한 손을 놓으며 스탠딩 레그에 엄청나게 힘을 주면서 몸이 스르르 돌아가는 회전을 방지하고, 나름 짱짱하게 서 있는 사람이 있을 수도 있습니다(사실 여기서는 상태를 유지하려고 신체 어느 부위에 힘을 주는지도 중요합니다). 하지만 대부분은 몸이 서 있는 발 쪽으로 돌아갈 것입니다. 그것은 제대로 된 턴 아웃을 했을 때 올바르게 힘을 줘야 할 부분에 힘을 주지 않았다는 것을 반증하는 겁니다.

　　이상적인 턴 아웃과 현실의 실험 속에서 차이가 발생했다면 지금까지 우리가 해 온 턴 아웃은 무엇이었을까요? 안타깝게도 엉덩관절 및 엉덩이 속근육을 이용한 근본적인 턴 아웃이 아닌, 무릎과 발목을 과도하게 뒤틀어서 부상을 유발하는 턴 아웃 흉내 내기를 해왔던 것입니다.

　　스트레칭 하나를 하더라도 근육의 구조와 결을 제대로 이해하고 실행해야 합니다. 우리가 로망으로 삼고 있는 이상적인 턴 아웃도 근육의 능력을 향상하는 다이내믹 스트레칭을 적극적으로 활용해야 합니다. 유연성이 좋아야 턴 아웃도 잘된다고 생각했다면 오산입니다. 유연성이 어느 정도 있는 사람이라면 림바링을 할 때 바에 다리를 올리는 게 어렵지 않지만, 실질적으로 바 없이 그 각도까지 다리를 들어서 유지하는 것은 어렵습니다. 턴 아웃도 마냥 늘이는 개념이 아니라 몸을 바르게 잡아서 유지하는 다이

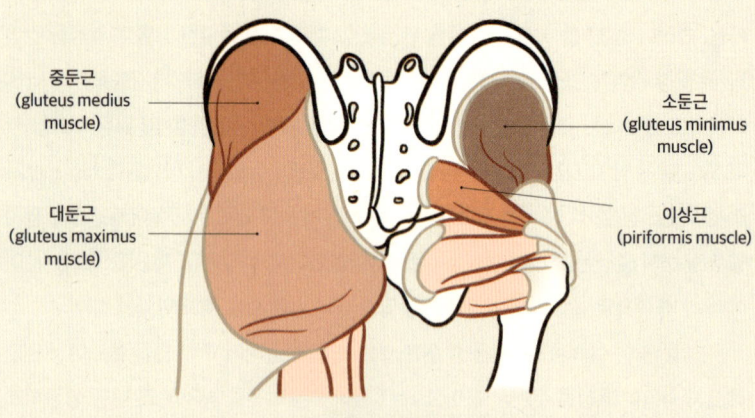

〈엉덩관절의 근육들〉

"턴 아웃은 엉덩관절과
엉덩이 네 번째 레이어 안쪽 근육을 사용"

내믹 스트레칭으로 접근해야 합니다(스트레칭에 관한 부연 설명은 '준비 9강. 올바른 발레 스트레칭, 알고 움직이자'에서 참고하세요). 단, 조건은 제대로 된 다이내믹 스트레칭, 즉 자신의 몸에서 최소한의 에너지를 사용해 가장 안정적이면서도 그 상태를 유지할 수 있는 수준에 도달하는 것을 뜻합니다.

그렇다면 180도에 가까운 이상적인 턴 아웃을 하기 위해서 어떻게 훈련해야 할까요?

1.
자가 훈련을 할 때는 지난 시간에 설명한 대로, 똑바로 누워서 발끝이나 발뒤꿈치가 아닌 엉덩관절의 외회전 근육에 집중해서 바깥으로 돌리고 수 초 동안 유지하면서 그 각도를 넓혀나가면 효과가 있습니다. 이때 주의할 점은 엉덩이 겉면에 있는 대둔근은 이완시킨 채, 오로지 엉덩관절의 움직임에 집중해서 천천히 외회전을 시도한다는 것입니다. 올바르게 했다면 약간 '틱틱~' 또는 '툭툭~', '아그~작~' 하는 느낌이 들 것입니다. 이때가 바로 엉덩이 속근육을 사용하는 순간이니 절대 놓치지 말고 몸의 느낌을 기억하세요.

2.
스트레칭 밴드를 이용해서 양발 끝을 묶어서 고정하고 1번과 동일한 방법으로 훈련합니다. 외회전 근육이 좀 더 강화됨으로써 운동범위도 늘어날 것입니다. 이것은 적극적인 다이내믹 스트레칭을 이용한 운동범위 확장 방법입니다. 역시 엉덩이 겉면의 대둔근을 이완시킨 채, 엉덩관절에 온전히 집중해 돌리고 최고점에 도달했다고 판단되면 마지막으로 속근육의 수축을 유지한 채로 대둔근을 마저 수축시킵니다. 몸에서 가장 민감하게 반응되는 지점이라 생각될 때 엉덩관절에 고착제를 뿌리듯 관절을 감싸며 홀딩을 시도합니다. 그리고 이 과정을 여러 번 반복해야 합니다.

누구나 누우면 할 수 있는 간단한 동작을 이렇게 자세하게 설명하는 이유는 무엇일까요? 인간의 신체는 한 가지 동작을 한쪽 방향으로 수행했을 때 관절에 따라 여러 근육이 협업을 하기도 하고, 또는 계주에서 바통 터치를 해나가는 것처럼 연속적으로 순서대로 진행되는 움직임을 수행하기도 합니다. 턴 아웃의 경우 겉근육이 먼저 긴장(수축)되면 속근육이 최대치로 작용될 수 없습니다. 실질적으로 바 워크나 센터 워크에서 턴 아웃의 활용은 0.01초라도 먼저 속근육을 긴장시키고 나서 겉근육을 긴장시키는 것이 이상적인 방법입니다. 이 과정이 순차적으로 진행돼야 관절을 단단한 잠금 상태로 유지한 채 동작을 안정적으로 수행할 수 있다는 것을 명심하세요.

3.

엉덩이 근육 레이어 안쪽 속근육들의 수축 능력을 향상시켜야 합니다. 앞으로는 바에서 1번 또는 5번 발을 수행할 때 송진이나 물을 묻혀서 발바닥과 바닥의 마찰력을 이용한 방법은 배제하도록 합니다. 이것 역시 근본적인 힘 조절이 아닌 허벅지 근육을 살짝 뒤트는 방법입니다. 계속 이렇게 하다 보면 관절에 무리가 오니 주의해야 합니다.

아까 바의 실험에서 서 있는 발쪽으로 골반의 방향이 스르륵 풀린 시점을 떠올려봅시다. 지금부터는 절대 바에 의존하지 않고, 다이내믹 스트레칭으로 약간의 자신감이 붙은 외회전 근육을 이용해 엉덩관절을 돌려야 합니다. 이런 노력을 반복하면 여태까지 흉내만 내던 턴 아웃이 아닌 진짜 턴 아웃을 해내는 기쁨을 누리게 될 겁니다.

궁극의 목표는 180도 턴 아웃이지만 목표 지점을 향해서 무조건 돌진하는 것이 아니라 스텝 바이 스텝으로 훈련해야 합니다. 엉덩이 속근육과 엉덩관절에 좀 더 집중해서 점진적으로 발전시켜보세요. 무엇보다 발레라는 존재가 치명적 매력을 지닌 존재라는 선입견을 버려야 합니다. 쓸데없이 밀당을 할 것이 아니라 상대를 정확히 알아야 합니다. 더불어 내 상태도 정확히 인식해야 합니다. 이런 과정을 속성으로 익힐 생각은 버리세요. 지금 정확하게 기초를 다져야 앞으로 우리가 해나갈 발레의 수준이 결정된다는 것을 잊지 말아야 합니다. 이런 과정이야말로 진짜 발레를 발레답게 하는 것 아닐까요?

아무래도 나 재능 있는 것 같아!

열정의 취미발레인답게 내 일상의 대부분은 발레에 초점이 맞춰졌다. 살아온 나날의 대부분을 짧은 헤어스타일로 유지했던 나는 발레번(ballet bun)이라는 발레리나 전용 헤어스타일을 영접하고 중년의 나이에 머리를 기르기로 했다. 젊은이들이 즐겨 하는 깜찍 발랄한 정수리 상투 머리를 하기에는 내 얼굴이 상큼함과는 거리가 멀기에 높이가 나지막한 얌전한 발레번 정도에 만족했다. 발레를 시작한 지 1년 6개월이 지나고서 나도 드디어 토슈즈를 신게 됐다(포인트 슈즈가 정식 명칭이지만 이 책에서는 일반적으로 불리는 토슈즈란 용어로 통칭하겠다). 토슈즈 클래스 중 발뒤꿈치가 까져서 피를 질질 흘리기도 하고, 발톱이 빠지기도 했지만 두렵지 않았다(약간 변태 같지만 빠진 발톱을 기념으로 보관해놓은 적도 있다. 으흐흐). 오히려 이렇게 열심히 발레를 하고 있는 스스로가 너무나 대견했고, 여기저기 욱신거리며 쑤시는 것을 훈장처럼 여겼다. 토슈즈 클래스를 마치고 나면 발가락이 얼얼하고 못

생겨져 있을 뿐만 아니라, 평소 발톱을 기를 수가 없기에 여름에만 누리는 사소한 즐거움인 페디큐어와도 작별을 고해야 했다.

방학 특강이었던 토슈즈 클래스를 마치고, 나는 일반 클래스의 바 워크에서도 꾸준히 토슈즈를 신었다. 한 달 열두 번의 수업 중 평균 일고여덟 번 정도는 토슈즈를 신었던 것 같다. 센터 워크까지 하기는 좀 겁이 나서 바 워크 때만 신고, 나름 컨디션이 좋은 날에는 센터 워크에서도 신고, 바리에이션 수업에서도 신었다. 믿거나 말거나 한창 열심히 했을 때는 수업 시간에 배운 다양한 바리에이션에서도 토슈즈를 신을 정도였다. 마흔셋의 취미발레인이 말이다!

사실 당시 내 나이에 토슈즈를 꾸준히 신는 데는 대단한 용기가 필요하다. 그저 쒸르 레 뿌엥(sur les pointes), 를르베를 연습하는 수준이 아니라 이동하는 동작을 한다는 자체는 용기와 실력이 뒷받침돼야 한다. 실력은 경력으로 결정되지 않는다. 보통 토슈즈를 신는 순간 몸의 중심이 바뀐다. 단순히 발끝으로 서는 동작이 아니라 중심이 이동되기 때문에 자신의 무게중심을 정확히 모른 채 신는 것은 무모한 짓이다. 그런데도 나는 열심히 토슈즈를 신었다. 다행히 무릎도 잘 버텨줬고, 발등도 죽기 살기로 밀어내면서 신었다. 지금 돌이켜보면 당시 나를 가르쳤던 선생님이 기특해하면서도 조금은 걱정스러운 눈으로 나를 바라보았던 기억이 난다. 내가 너무 좋아하니 말릴 수는 없지만, 무리해서 신다가 부상을 입을 수도 있다는 암시를 종종 주기도 했다. 항상 몸조심하고 무리하지 말고 발레를 하라고 권하셨지만 정신없이 달리는 맛을 들인 사람에게 그 이야기가 들릴 리가 있나….

그런데 저쪽에서 바르게 서기, 올바른 턴 아웃이 무엇인지 설명하며 은근히 브레이크를 지그시 밟아대는 간달프 선생님의 존재가 살짝 거슬렸다. 광야에서 외치는 세례 요한도 아니면서 계속 잔소리 모드로 말하는 것이 신경 쓰였다. 아…. 간달프 선생님. 맞는 말 같긴 한데 당시에는 그 이야기를 듣고 싶지 않았다. 왜냐고? 난 취미발레인이거든. 그리고 난 그렇게 머리 복잡하게 하려고 발레를 시작한 게 아니란 말이다. 내가 뭐 발레리나가 된다고 했나? 나 하나 즐거워지려고 하는 거지…. 발레 클래스를 마치고 나올 때면 완벽하지는 않아도 땀을 흠뻑 흘리고, 다리를 쫙쫙 찢고, 높이 뛰고, 컨디션 좋은 날에 얻어걸리는 삐루에뜨가 좋았다. 그런 흥겨움을 즐기려 취미로 발레 하는 것이지, 머리로 복잡하게 연구하려면 아예 전공을 하지 않았겠어! 그러면서도 당시에는 취미발레인치고 너무나 잘하고 있다는 자부심을 가지고 있었다. 정말이지 나는 재능도 꽤 있었다. 키는 작아도 발레 하기에 좋은 조건이란 조건은 다 갖고 있다고 생각했다. 그러니 취미발레인으로 살아가기에 최고의 피난처를 찾은 셈이다.

그런데 마음속에서는 약간의 의문이 들었다. 왜 바 워크에서는 신나게 토슈즈를 신는데 센터 워크에서는 신을 수가 없지? 바 워크에서 빠쎄 발랑스(passé balance), 그랑 바뜨망 쥬떼(grand battement jeté) 같은 것도 잘 되다가 센터 워크에서는 왜 휘청거릴까? 뭔가 마음속에 의문이 스멀거리고 치밀어 올라오려고 하면 재빠르게 스스로를 위안하며 꾹 눌러버렸다.

'당연하지! 내 나이가 몇인데, 바도 잡지 않고 하다가 다치면 어쩌려고, 괜히 위험한 것을 할 필요는 없어!'

나는 바보가 아니었다. 당시에도 내 안에는 두 가지 마음이 공존했다. 발레를 늦게 시작한 것치고는 꽤 잘하기도 하고, 배우는 재능도 제법 있다는 생각. 그럼에도 불구하고 좀 더 잘하고 싶은데 어느 한계점에서 더 이상 변화가 없이 그저 그렇게 제자리를 맴돌고 있다는 답답함. 물론 재능이 있다고 해도 실력이 드라마틱하게 늘지 않는 이유를 취미발레라는 한계와 나이 탓만으로 돌리기에는 맹점이 있었다. 나는 근본적인 문제를 이미 알고 있었음에도 나이나 취미발레라는 것으로 핑계 삼았던 걸까? 문제를 고치기에는 이미 멀리 와버린 기분도 들었다. 취미로 하는데 그렇게 유난을 떨면서 할 필요가 있을까 하는 생각이 머릿속을 둥둥 떠다녔다. 솔직히 고민을 해야 한다는 생각보다는 발레가 주는 행복 호르몬인 도파민이 나를 사로잡고 지배하고 있었다.

그래. 나는 머리로 공부하려고 발레를 시작한 것이 아니라 내 마음에 기쁨을 주기 위해서 시작한 거야. 그렇다면 결론은 역시! 난 취미발레인치고는 제법 재능이 있는 것. 그래. 자부심을 가지고 열심히 발레 하자. 이것은 나에게 충분한 기쁨을 주거든.

발레계 간달프 쌤과
글로 배우는 기초 발레

4

준비 4강
풀업의 진짜 의미

발레를 하다 보면 일반적으로 알려지지 않은 풀업(pull up)이라는 용어를 자주 듣게 됩니다. 어떤 동작을 하더라도 몸을 '풀업' 상태로 만들라고 합니다. 여기서는 풀업의 진짜 의미에 대해 생각하고, 그동안 자신이 놓쳤던 점은 없는지 점검해봅시다.

풀업은 신체의 어떤 상태를 말하는 걸까?
일반적으로 턱걸이를 할 때의 상태, 장대높이뛰기 종목에서 장대로 지면을 누르면서 다리를 지면으로부터 거꾸로 차올리는 구간을 상상해봅시다. 발레에서는 몸을 일직선으로 세워서 신체의 무게중심 위치를 지면으로부터 좀 더 위로 향하게 해서 민첩성을 높이려는 상태입니다. 예를 든 동작에는 차이가 있지만, 신체를 지면으로부터 멀어지게 하려는 상태, 즉 중력에 반해 몸의 위치를 올리려는 움직임을 극대화한다는 공통점이 있습니다.

풀업을 언어의 의미로 해석한다면 당기고, 올린다는 것에 가깝죠. 예로 든 턱걸이와 장대높이뛰기에서는 기구를 이용해 잡아당기는 동작, 또는 상대적으로 몸의 위치를 힘의 반대 방향으로 향하게 하는 동작입니다. 하지만 발레는 기구에 의존하지 않고 몸을 자체적으로 움직이면서 지면과 멀어지는 동작을 취합니다. 어쩌면 언어적으로는

'당긴다(pull)'보다는 바닥을 밀어 상대적으로 몸을 올라가게 만드는 '밀다(push)'가 좀 더 가까운 의미일 있을 수도 있겠군요.

그러나 발레에서 'push'라는 능동적 의미보다 'pull'이라는 수동적인 의미가 통용된 것은 '누가 위에서 당겨주듯이'라는 추상적 표현이 일반화됐기 때문입니다. 일반적으로 풀업 상태라고 하면 어깨를 내리고, 목을 곧고 길게 만들고, 척추를 곧게 세우고, 갈비뼈를 잠근다 등의 흔하디 흔한 구구단 외우기 식으로 몸에 각인시킵니다. 그러나 풀업은 누군가가 잡아당겨주는 수동적 동작이 아니라 내 몸의 근육과 신경을 능동적으로 사용하는 동작임을 잊지 말아야 합니다.

누가 위에서 수동적으로 잡아당겨주는 것이나 내가 능동적으로 곧게 늘리는 것이나 똑같지 않냐고 여기면 안 됩니다. 두 가지는 엄연히 다른 결과를 낳거든요. 위에서 누가 잡아당겨주는 것은 이완(relaxation)에 가까운 동작입니다. 그러나 발레는 '근육의 수축'을 이용해야 합니다. 물론 결과물로 근육의 움직임을 발현하기 위해서는 우선 신경을 자극해 근육이 반응하도록 해야 하죠. 보통 근육의 수축을 연상하면 '수축 = 경직'이라는 단정적 정보로 받아들입니다. 이것 역시 수축에 대해서 한쪽 면만을 알고 있는 것입니다(수축과 이완에 대한 것은 '준비 9강. 올바른 발레 스트레칭, 알고 움직이자'에서 설명하겠습니다). 예를 들어 어떤 동작을 취할 때 몸이 경직되어 보이는 가장 큰 이유는 어깨를 포함한 팔과 손의 부적절한 위치와 과도한 근수축 때문입니다.

척추뼈들이 모여 이루는 척주(脊柱)를 측면에서 보면, 직사각형과 두 선의 기울기의 각도가 각기 다양한 사다리꼴 형태의 여러 척추가 쌓여 있는 형상입니다. 사다리꼴 모양의 척추들은 각 디스크를 사이에 두고 일정한 간격을 유지한 채 전체적으로 전만, 후만 곡선을 이루며 이상적인 S라인의 척주 라인을 형성합니다. 이 라인을 유지, 조절하기 위해 크게는 척주세움근(erector spinae muscle), 복근, 허리사각근(quadratus lumborum muscle), 엉덩허리근(장요근, iliopsoas muscle) 등이 사용됩니다. 세밀하게는 수많은 척추 다열근들이 신경을 조절해 구심성 수축과 원심성 수축을 통해 조절됩니다. 이

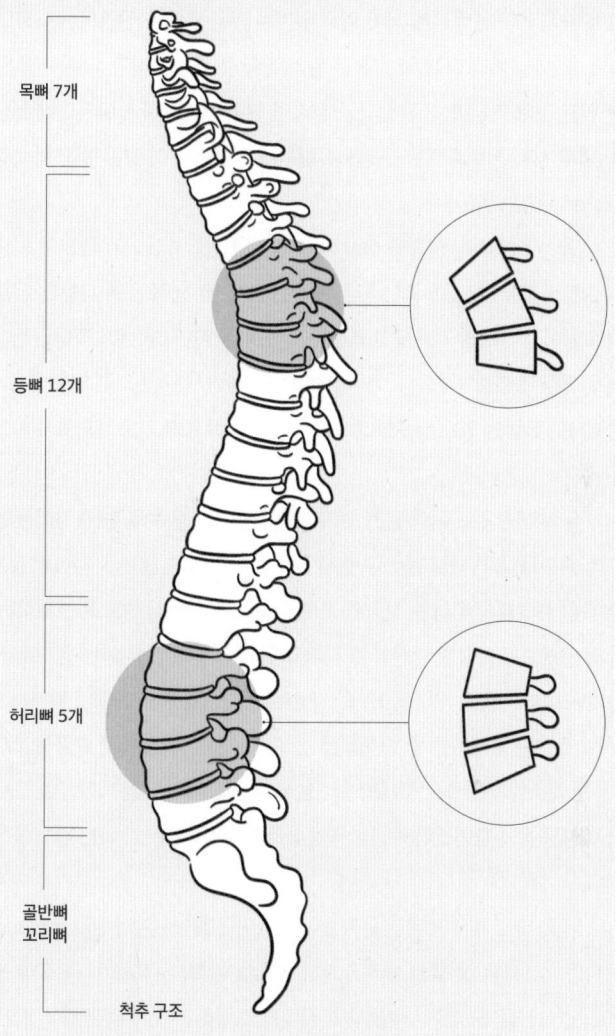

〈사다리꼴 척추뼈들의 형태와 자연스러운 척주 곡선〉

렇게 보면 우리가 올바르게 서기 위해 얼마나 많은 근육과 신경이 노력하고 있는지 놀라울 정도죠. 골반과 하지 역시 같은 원리로 유지, 조절됩니다. 이때 근육은 중심 컨트롤을 위한 것이 아니라 각 관절의 이상적인 정렬을 조절하고 유지하기 위해 사용됩니다. 몸의 중심을 컨트롤하는 근육은 유일하게 지면과 닿아 있는 발바닥, 그중 발바닥근(plantar muscle)입니다.

여기서 한 가지 상황을 상상해봅시다. 캠핑을 하러 가서 내부에 기둥이 있는 구조의 텐트를 세우려고 합니다. 내부 기둥을 중심으로 양쪽 또는 사방으로 줄을 펼쳐 바닥에 고정하고 텐트의 기둥을 중력선과 일치시키려면 각 줄들의 적당한 텐션을 유지하면서 길이를 조절해야 합니다. 한쪽으로 힘이 쏠려서도 안 되고 저쪽에서 끌어당기면 이쪽에서도 유동성 있게 비슷한 힘으로 끌어당겨야 중심 기둥이 기울지 않고 올바른 수직을 유지하게 됩니다.

우리의 신체도 이와 같은 원리입니다. 신체의 앞뒤와 양 측면에는 항상 쌍으로 근육이 존재합니다. 몸을 올바르게 세우기 위한 척추뼈, 골반과 다리의 상관관계가 최적의 기립 상태를 유지하는 것이 바로 풀업입니다. 여기서 쌍으로 존재하는 근육은 최소한의 근력으로 적당한 텐션을 유지해야 합니다. 텐트 줄을 과한 힘으로 사방에서 잡아당기면 내부 기둥이 버티질 못하거나 텐트 천이 인장력을 견디지 못해서 찢어질 수도 있겠죠. 풀업은 경제이론 중 가성비를 높이는 것처럼 비용 대비 효율을 최대화해야 합니다. 즉, 최소한의 힘으로 신체의 최대한의 효과를 내기 위한 적정선을 찾는 것이죠. 그것의 핵심은 몸의 자연스러운 정렬을 올바르게 조정(alignment)하는 작업이라고 할 수 있습니다.

몸을 바로 세우기 위한 근육들이 단축되어 짧아지거나 반대로 약화되고 늘어져 길어지면, 스트레칭을 통해 늘여주거나 근력을 강화시켜야 합니다. 그렇게 해서 근육 자체의 긴장성을 높임으로써 근육의 길이를 조정하는 것이 바른 풀업 자세로 가는 훈련 방법입니다. 발레라고 해서 앞뒤 가리지 않고 무조건 찢고, 늘이려다가는 오히려 역

효과를 낼 수 있습니다. 제대로 된 풀업을 하려면 엿가락 늘이듯이 위로 쭈욱 늘여도 안 되고, 적정선 이상으로 긴장해서 몸에 힘을 꽉 주어도 안 됩니다. 사람마다 신체 구조가 다르고 생활 습관이 다르기에 자신의 현재 뼈, 근육의 분절(segment) 상태를 명확히 아는 과정이 선행돼야 합니다.

풀업…, 말처럼 쉬운 것은 아닙니다. 클래스를 할 때 무조건 힘을 꽉 주는 동작, 천장에 달린 와이어로 내 몸을 당겨준다는 식의 단순한 느낌의 상상은 배제합시다. 중력을 거스를 수 있는 동작은 우주에서나 가능합니다. 지구에서는 중력을 제대로 다스려야 합니다. 한 걸음이라도 구름 위를 둥둥 떠다니듯 내딛지 말고, 명확하게 걸어야 합니다. 풀업도 마찬가지로 해야 합니다.

그런데 한참 설명하다 보니 윤작가가 조금 더 걱정되기 시작하네요.

하다 보면 될 것이라고 믿었다

시간은 흘러서 어느덧 발레를 시작한 지 5년 차가 되었다. 아마추어였지만 웬만큼 어려운 동작도 눈치껏 따라 할 수 있었다. 이쯤 되니 바 워크보다 센터 워크가 더 재미있었다. 무용 홀을 대각선으로 가로지르는 씨쏜느(sissonne), 아쌍블레(assemblé), 그랑 쥬떼(grand jeté)를 뛰면서 온갖 시름을 잊었다. 완벽하지는 않아도 삐루에뜨 앙 드오르(pirouette en dehor)나 삐께 턴(piqué turn)을 돌다가 셰네(chainés)로 마무리를 하면서 스폿은 꽤나 자주 달나라로 출장 보내도 너무 재밌었다. 아! 앙셴느망 순서 중 무한반복 삐루에뜨는 컨디션 좋은 날 스폿이 기가 막히게 잘되는 날이 있으니 걱정 없다.

내가 다니는 학원은 훌륭한 선생님이 티칭을 해주셨고, 원작보다는 조금 쉬운 버전이긴 해도 두 달에 걸쳐서 작품(바리에이션)을 하나씩 배울 수 있었다. 보통 타 학원에서는 작품반 수업을 따로 수강해야 하는데 내가 다녔던 학원은 그런 점에서는 행운이었다. 오랜 시간 발레단 생활을 하셨던 선생님께서 동작 시범을 보이면 절로 탄성이 나왔다. 영상에서 보던 바로 그런 라인이 눈앞에 펼쳐졌다. 신체 비율도 워낙 훌륭했던 분이라서 어떤 동작을 해도 정말 멋졌다. 그렇게 5년여를 배우면서 내가 배운 작품 수는 어느덧 열 개가 훌쩍 넘었고, 때로는 예전에 좀 더 쉽게 수행했던 동작을 약간 업그레이드해서 다시 배우기도 했다.

정말 이 시기에 내가 발레를 배웠던 순간을 떠올리면 저절로 미소가 지어진다. 그 무렵에 내가 이토록 사랑하는 발레에 쏟은 애정과 열의를 담은 첫 번째 책이 나왔고, 취미발레인으로서의 내 삶은 완벽했다. 학원에는 가족 같은 좋은 동료들이 있었고, 수업마다 반복되는 동작과 무한 연습 속에서 나는 하나씩 배워간다고 생각했다. 학원에서 함께 수업에 임하는 학생(이라고 쓰고 동지라고 읽는다)들은 완벽한 팀워크를 뽐내면서 우리는 그 안에서 행복을 찾았다. 나는 일주일에 세 번 있는 클래스에 여전히 개근을 기록했다.

그런데 가끔, 아주 가끔 의문이 들 때가 있었다. 이 시기를 곰곰이 되돌아보면 뭔가 마음속에서 티끌만 한 의문이라도 하나 고개를 들면 무의식에서 그 의문을 잠재우곤 했다. 왜 그랬을까? 앞에서도 언급했지만 조그마한 의문이 내가 행복하게 발레 하는 것에 징크스로 작용할까 봐 아예 싹 깨끗이 잘라냈던 것 같다. 한 예로 내가 토슈즈를 신고 센터 워크를 하는데 현대무용을 전공한 수강생 중 한 명이 다가와서는 자기는 토슈즈를 신다가 발목이 휙 돌아간 이후부터 겁이 나서 못 신는다고 말해줬다. 그 말을 듣고 한동안 그 수강생을 얼마나 미워했는지 모른다.

'뭐, 저주야? 자기가 다친 것을 왜 나한테 말하고 난리야?'라고 생각할 정도로 나에게 발레, 토슈즈, 클래스 등은 성역에 가까웠다. 누구도 발레와 나 사이에 끼어드는 것을 원하지 않았다. 이 얼마나 오만한 생각인가? 지금은 당연히 그때 그 수강생을 미워하지 않는다. 오히려 고마운 마음마저 든다. 당시 내 머릿속을 가끔씩 스쳤던 의문은 내가 눈으로 본 발레다운 라인과 내가 직접 실현하는 라인에 대한 차이였다. 모든 동작을 얼추 따라 하긴 하지만, 내가 연기하는 아라베스크(arabesque), 아쌍블레, 똥베(tombé), 쑤뜨뉘(soutenu), 유려한 포르 드 브라의 흐름 등(그림 같은 그랑 쥬떼까지는 바라지도 않는다) 센터에서 수행하는 앙센느망의 연결 동작은 여전히 어설펐다. 조금 더 솔직하게 말하자면 나뿐만 아니라 나와 비슷한 연차의 다른 취미발레인들도 마찬가지였다. 우리 학원이나 SNS에서 접하는 취미발레인들의 영상을 봐도 비슷했다. 동작을 곧잘 따라 하지만 아마추어의 느낌을 벗을 수 없는 멈칫거림. 궁극의 라인이 나오지 않는 것에 대한 의문이 조금씩 싹트기 시작했다.

그러면 언제나 같은 답과 마주하게 된다. '우리는 취미발레니까 당연해. 좀 못하면 어때? 연습만이 살 길이야. 열심히 반복하다 보면 언젠가는 내가 바라는 라인과 느낌이 나올 거야.' 그렇게 생각하며 나는 끊임없이 노력하고 연습했다. 조금 더 나아지고 싶어서 반복을 거듭했다.

이런 상황이 의미하는 것은 무엇일까? 확신할 수 없는 당시의 상황과 끊임없이 내가 추구했던 것을 표현하자면 '느낌적 느낌' 정도가 될 것 같다. 내가 썼지만 정말 모호한 표현 아닌가? 그런데 발레에 홀려서 거의 5년여의 시간을 쫓아다녔지만 누군가가 "발레의 이상적인 라인과 정의가 무엇인가요?"라고 물으면 문법적으로도 맞지 않는 '느낌적 느낌'이라는 말로 답할 수밖에 없었다.

　나는 발레를 정말 사랑했지만, 대상을 정확히 알지 못했다. 이상형의 아이돌 스타를 쫓는 느낌이었다. 상대방에 대해 모든 것을 알고 좋아한다고 믿지만, 그는 나에 대해 아무것도 모르는 상황. 결국 나 혼자 "좋아하고 사랑해요~!"라며 따라다니는 관계일 뿐이었다. 진정한 소통은 상호적이어야 한다. 한쪽에서 일방적, 맹목적으로 쫓는 것은 올바른 소통이 아니다.

　나는 발레를 너무 좋아했고, 발레라는 멋진 옷이 내 몸에 맞기를 원했지만 나에게 맞춤이 아닌 옷을 그저 적당히 입고 있었던 것이다. 내 몸에 맞지 않는다면 과감히 수선집에 가서 내 몸에 잘 맞도록 고쳐야 하는데, 질질 끌리는 길이에다 품이 헐렁해서 남의 것을 빌려 입은 듯한 옷을 입고 오랫동안 여기저기 어슬렁거리며 돌아다닌 셈이다.

　만약 취미로 발레를 하는 사람의 여정을 교통수단에 비유한다면 비행기보다는 배를 타고 크루즈 여행을 하는 쪽에 더 가깝다. 앞뒤나 바깥 상황을 신경 쓰지 않고 정해진 목적지를 향해 속도만 높여서 최대한 빨리 도착하기보다 바다 위에서 일출과 일몰을 즐길 수 있어야 한다. 때로는 선상에서 머물며 좋든 싫든 온갖 상황을 관망하는 여유가 있어야 한다. 여정 중에 멋진 도시가 있으면 내려서 구경도 하는 마음의 여유, 무엇보다 크루즈 여행 자체를 즐겨야 한다. 이때 자칫 간과하기 쉬운 것이 방향성이다. 천천히 가는 여정은 좋지만, 바다 위를 항해하는 과정에서 가장 중요한 것은 방향이다. 아무리 즐거운 여정일지라도 선장이 목적지의 방향을 잘못 선정해서 출발하면 배는 엉뚱한 곳에 도달하고 만다.

발레도 마찬가지다. '취미니까 즐긴다'는 생각에 초점을 두고 각도를 잘못 설정해 오랜 시간 방치하면, 결국 올바른 방법과 동떨어진 결과를 맞게 된다. 비행기처럼 속도에만 집중하는 것도 문제지만, 천천히 가더라도 내가 가고 있는 방향을 제대로 점검하며 항해하는 것처럼 발레를 대해야 한다.

당시에 나는 몸은 크루즈에 싣고서 눈과 마음은 하늘을 나는 비행기를 향한 셈이다. 물살을 가르는 바다 위에서 하늘을 바라보며 왜 저렇게 날지 못하는지를 탓하며 조급한 마음만 키웠다. 바다와 하늘 위의 거리는 계산하지도 않고, 비행기 가는 방향에 나침반을 맞춰서 눈짐작으로 따라갔다. 방향이 틀어진 채 마냥 열심히 하는 것만큼 허무한 상황은 없다. 악기를 연주하면서 악보를 엉뚱하게 해석한 채 잘못된 방식으로 열심히 연습하는 상황. 틀리게 백 번 연습하면 어떻게 될까? 연습을 하지 않은 게으른 사람보다 더 나쁜 최악의 습관을 기르게 된다. 발레라는 크루즈 여행을 선택했다면 마음은 즐겁게 유지하고, 몸에는 주도면밀한 집요함을 장착해야 한다. 멋대로 해석해도 안 되고, 목적 없이 맹목적인 연습은 금물을 넘어서 금기사항이다.

선생님은 A라고 설명하는데 나는 A'라고 해석하고, 때로는 엉뚱하게 C라고 해석해서 춤췄던 상황. 단순히 춤만 어설프게 추게 됐던 것일까? 아니다. 이런 어처구니없는 반복 연습과 발레에 대한 맹목적 열정이 나를 신기한 세계로 데려다줬다. 나는 결국 발레 무대의 주인공이 아니라 부상이라는 무대의 주역으로 극적인 데뷔를 하고 말았다.

발레계 간달프 쌤과
글로 배우는 기초 발레

준비 5강

발레와 물리적 무게중심 이동과의 관계

열정적인 윤작가에게 무슨 일이 생길 것 같은 조짐이 보이는군요. 큰일이 아니기를 바랍니다. 그래도 우리가 배워야 할 것을 소홀히 하면 안 되기에 계속 수업을 이어갑니다. 오늘은 학창 시절에 배웠던 과학 수업 시간으로 시간 여행을 떠나려 합니다. 마냥 재미있는 실험이라기보다 누구나 당연히 알고 있는 물리 현상을 과학적 이론으로 설명할 겁니다. 그리고 이 현상은 우리가 사랑하는 발레와 상당히 밀접한 관계를 맺고 있으니 집중해주세요.

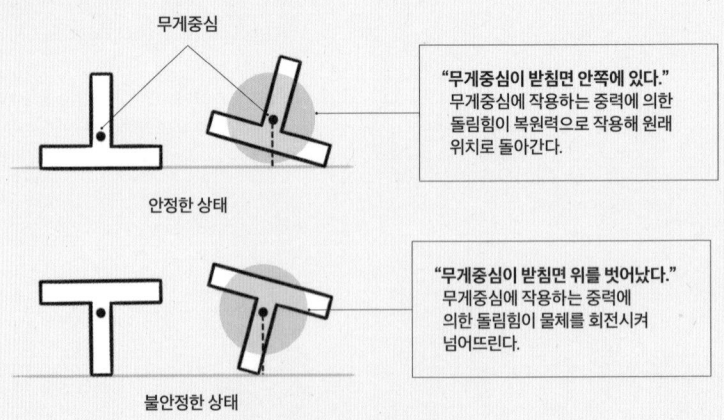

〈무게중심과 안정성의 원리〉

움직임이 발생하면 무게중심도 바뀐다

처음부터 신체 모형으로 기저면(BOS, base of support), 중력중심(COG, center of gravity)을 설명하기 시작하면 '아니 도대체 뭔 소리야?'라면서 책을 덮어버릴까 봐 아주 쉬운 그림으로 설명을 대신하려 합니다.

자, 앞의 첫 번째 그림처럼 T자 블록을 거꾸로 눕혀 놓으면 안정적입니다. 무게중심의 위치도 지면과 가까워서 안정성이 높죠. 그러나 힘을 가해서 살짝 기울이면 움직임이 발생해서 안정성의 균형이 깨지게 됩니다. 그래도 무게중심이 받침면(기저면) 안쪽에 있기 때문에 원래대로 돌아가려는 모멘트(회전력, moment)에 의해 복원되고 안정성을 유지합니다(그림만 보면 누구나 아는 상식이지만, 과학의 원리로 이 그림을 이해하길 바랍니다).

그렇다면 두 번째 그림을 봅시다. 무게중심이 첫 번째 그림보다 지면에서 멀고, 받침면(기저면)이 작아서 힘이 가해지지 않아도 안정성이 떨어집니다. 이 상황에서 살짝 힘을 가해본다면? 그냥 봐도 쉽게 넘어가겠죠? 그림으로도 설명되듯이 이동된 무게중심의 점을 바닥에 수직으로 내려보면 기저면에서 벗어나 있습니다. 구조물이 불안정한 상태가 되면서 T자 블록이 훅~ 넘어지는 상황이 벌어지게 됩니다.

우리가 발레를 할 때 가만히 서 있을까요? 아닙니다. 끊임없이 동작을 이어 나갑니다. 그렇다면 이렇게 간단한 블록으로도 증명된 물리학의 원리가 우리 몸에서도 일어나지 않을까요? 당연히 물리학의 원리를 적용해야 합니다. 발레를 배울 때 몸통을 박스처럼 고정하고 포르 드 브라와 발동작을 하라는 말을 듣게 됩니다. 클래식 발레의 무브먼트에는 당연히 몸통의 웨이브 같은 움직임이 존재하지 않습니다. 그러나 용어에 대한 인식 때문에 움직임이 행해지는 동안 기저면 면적이 작아짐에도 불구하고, 중력중심의 이동도 이루어지지 않은 채로 신체를 사용합니다. 결국 중력중심이 기저면의 범위를 벗어나고 힘의 균형이 깨진 상태에서 신체를 사용하게 됩니다. 중력중심의 이동에 따른 신체의 정당한 보상(compensation)이 아니라 몸의 어떤 부위를 어떻게 사용할지 몰라서 잘못된 무의미한 움직임을 이어나가게 됩니다.

TIP! 여기서 잠깐!

기저면과 중력중심의 의미

기저면 — 인체나 물체가 지면에 접촉된 부위, 물체의 면적을 뜻합니다. 안정성(stability)과 움직임(mobility)은 기저면의 넓이와 상관관계에 있습니다. 신체의 안정성이 높으면 움직임이 줄고, 안정성이 낮으면 움직임이 증가합니다. 즉, 두 발로 땅을 잘 딛고 서 있는 포지션을 취하면 안정성은 있지만 움직임이 없고, 막상 발레 동작을 시작하면 신체의 기저면이 줄면서 안정성은 낮아지지만 움직임이 활발해지는 것을 의미하는 것이죠. 한 발에 쑤쒸(sous-sus)를 해서 무언가를 하는 동작을 상상해봅시다. 신체에서 기저면이 최소화된 상태라서 안정성은 최저치를 향해가지만, 움직임은 아주 근사해지는 상황입니다.

중력중심 — 준비 1강에서 중력선에 대해 잠시 설명을 했습니다. 중력중심은 신체 무게중심의 중력선상의 지면상 위치를 뜻합니다. 연령, 성별, 체형이 모두 다르기 때문에 그 위치도 제각각입니다. 대체로 지면에서 약 55퍼센트 지점이 무게중심의 위치입니다. 서 있을 때와 다르게 움직임이 시작되는 순간부터 모든 중력중심은 그 위치가 변하게 되죠.

모든 동작에 적용되지만 여기서는 알 라 스꽁드 땅뒤(à la seconde tendu) 동작을 예로 들어 원리를 살펴봅시다. 두 발로 서 있을 때 지면에 닿는 발바닥 전체가 기저면입니다. 이때 복부 안 무게중심의 중력중심이 기저면 범위 안에 있기에 중심을 잡고 서 있을 수 있습니다. 1번 포지션에서는 두 발이 맞닿는 뒤꿈치 사이에 중력선이 있어야 합니다.

    1번 포지션에서 다리만 옆으로 뻗는 동작인 땅뒤를 해봅시다. 두 발뒤꿈치 사이에 있던 중력중심은 서 있는 발의 바닥면 뒤꿈치 바로 바깥쪽에서 유지됩니다. 게다가

중심점으로부터 멀어져 옆으로 나간 다리의 무게(질량)로 인한 모멘트가 생성되어 중력중심이 워킹 레그 쪽으로 옮겨져 넘어지는 힘이 발생합니다.

　이때 골반과 서 있는 다리의 위치가 그대로 유지되면서 다리를 옆으로 들고 있을 수 있다면 바를 잡고 있던 손을 천천히 놓아봅시다. 아마도 90도는커녕 발을 바닥에서 단 몇 센티미터도 떼지 못할 것입니다. 이 시점에서 바에 의지하면 안 되죠. 그래서 많은 사람이 중심 이동을 한 것도 안 한 것도 아닌 엉거주춤한 자세로 힘을 줄 곳과 아닌 곳을 정확히 모른 채로 몸 전체에 전반적으로 경직된 힘을 줍니다(이러니 서 있다가 다리 하나만 들어도 온몸이 부들부들 떨리는 거죠. 과학적 원리를 깡그리 무시하고 예술혼만 불태우다 내 몸에 운동이 아닌 중노동을 선물한 셈입니다). 결국 무게중심을 변경된 기저면 내에 위치하도록 이동시켜야 합니다.

　그렇다면 올바른 무게중심 이동은 어떻게 이루어질까요? 알 라 스꽁드에서 오른쪽 다리를 드는 경우로 연습해봅시다.

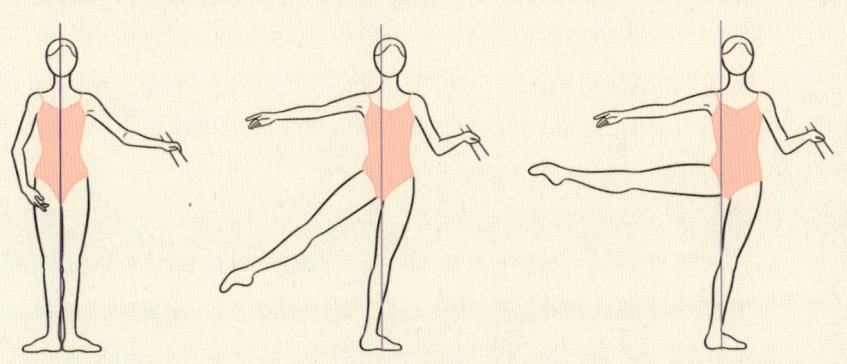

〈알 라 스꽁드 땅뒤의 무게중심 이동〉

1.

우선 두 다리 중심에서 왼쪽 스탠딩 레그로 중심을 옮깁니다. 이때 양쪽 위앞엉덩뼈가시(ASIS, '준비 1강' 참조, 골반 앞에 양쪽 튀어나온 뼈)를 잇는 선이 바닥면과 수평을 유지하도록 합니다. 즉, 스탠딩 레그 쪽 다리가 살짝 기울어지게 됩니다. 나중에 충분히 훈련하면 스탠딩 레그의 기울임이 최소화되며 미학적으로 다듬어집니다.

2.

이렇게 이동된 중심과 변경된 스탠딩 레그 쪽 엉덩관절을 유지하면서 워킹 레그 엉덩관절의 외전근(벌림근육)을 수축시켜 다리를 들어 올립니다. 이때 골반의 평형 유지를 위해 서 있는 엉덩관절이 흔들리지 않도록 조절합니다.

3.

드는 다리가 외전 운동범위인 90도에 이를 때까지 골반의 평형을 유지합니다. 그 이상은 골반의 측면 기울기를 사용해야 합니다. 다리가 90도를 이루는 위치에서 최대 모멘트가 발생하기 때문에 드는 다리인 오른쪽의 경우 중력중심이 기존 위치에서 오른쪽으로 가장 많이 이동됩니다. 그리고 그 이상 다리가 올라가면 중력중심이 다시 좌측으로 이동됩니다. 그러나 우선 90도까지만이라도 제대로 한 다음에 더 높은 각도를 시도합시다. 즉, 90도 이상 각도는 아직은 좀 참으세요.

이런 방식으로 수행해야 다리를 하나 들 때 중력중심이 이동해도 기저면 내에 있기 때문에 안정감이 생기고, 몸에 무리가 가지 않고, 아름다운 라인을 표현하는 발레를 할 수 있습니다.

생각보다 상당히 많은 것을 고민해야 합니다. 동작 하나를 하더라도 신체의 모든 부위가 유기적으로 연결되어 있다는 것을 인지합시다. 필요 없는 신체 부위에 무턱

대고 힘 주고, 열심히 늘리고, 왜곡되게 뒤트는 동작은 삼가야 합니다. 취미발레라도 궁극의 발레를 꿈꾼다면 지금부터라도 올바르게 학습하며 영리하게 발레를 해보세요. 그런 과정이 쌓여야 센터 워크에서 자신 스스로 만족할 만한 그 무언가가 나오게 될 것입니다.

intermission
군 면제급 부상,
잠시 쉬자

세 아이의 엄마로 살다 보면 같은 일을 세 번씩 할 때가 종종 있다. 첫 아이 때에는 뭘 해도 마냥 어설프다가 둘째, 셋째의 경우 같은 일을 반복하면서 요령을 익히게 된다. 첫 아이 때에는 유치원 등원 차량에 아이가 처음 올라타서 손을 흔들며 인사를 하기만 해도 마음이 뭉클한데, 막내쯤 되면 설렘보다는 대견한 마음에 씨익 웃을 수 있는 여유도 생긴다. 돌잔치도 세 번, 유치원 입학식과 졸업식도 세 번씩 하게 되면 이미 연례행사나 마찬가지다. 그래도 막내에게는 항상 고마우면서도 미안한 마음이 동시에 있었다. 자신이 무엇을 해도 엄마가 설레기보다 너무 능수능란하게 대처하는 모습을 보였기 때문이다.

그래서였을까? 2016년 10월, 막내의 유치원(물론 오빠, 언니도 다녔던 같은 유치원이다) 운동회. 초등학교 입학 전 막내의 마지막 유치원 행사에서 투혼을 불태우기로 마음먹었다. 나는 단거리도 잘 못 뛰고, 툭하면 넘어지기

일쑤라서 엄마들 달리기 대표로는 나가지 않았다. 대신 학부모 줄다리기에 출전하기로 했다. 집에서 미리 빨간 코팅 목장갑도 준비해서 끼고 나갔다. 둘째, 셋째 엄마들은 다년간의 경험상 줄다리기의 기능적 효율을 높이기 위해 나처럼 장갑을 준비해오는 경우가 간혹 있다.

참 우스운 일인데, 유치원 운동회에서 학부모들이 가끔 과열된 경쟁의식을 보일 때가 있다(이 이야기는 내 전작인 《어쩌다 마주친 발레》에도 등장한다). 줄다리기! 이게 뭐라고…. 그렇지만 아이가 보고 있는데 내가 있는 팀이 이겼으면 하는 마음에 시작을 알리는 호각이 울리자마자 있는 힘을 다해서 줄을 당겼다. 처음에는 팽팽했다. 그런데 상대팀 엄마들의 숫자가 많든지, 훨씬 젊든지, 무게가 많이 나가든지, 아무튼 힘이 엄청 좋았나 보다. 우리팀이 갑자기 맥없이 질질 끌려가기 시작했다. 그쯤 되면 엄마들도 그냥 포기해야 하는데 모두 용을 쓰며 매달려 있었다. 그러더니 결국 한쪽으로 기울면서 약 서른 명 정도가 우르르 밀리며 넘어졌다. 나는 밧줄 왼편에 서 있었고, 내 위로 잘 알지도 못하는 사람들이 뒤엉키며 뒤덮힌 채 넘어졌다. 넘어지는 순간, 왼쪽 무릎의 위치가 좀 이상하게 뒤틀리며 찌익~ 덜컥! 하는 소리가 들렸다. 이런 표현이 어떨지 모르지만, 흔히 발목 삐듯이 무릎을 심하게 삐면서 110볼트의 전기가 순간적으로 무릎을 통과하는 느낌이 들었다. 참패를 인정하고 분한 마음에 운동장을 걸어 나오는데, 무릎에서 얼얼한 통증이 느껴졌고 다리를 조금 질질 끌며 절면서 나왔다.

그 순간 불길한 생각이 들었다. '어? 나 혹시 다친 거 아닐까? 발레는 괜찮을까?' 내가 넘어진 것을 본 가족들은 앞다투어 다리부터 괜찮냐고 했고, 나는 무릎을 문지르며 살짝 삔 것 같다고 했다.

며칠이 지나도 통증이 계속되어 집 근처 정형외과를 찾았다. 그때까지 병원에 안 갔던 진짜 이유가 있었다. 이전에 정형외과인 A병원에 가서 진료를 받을 때(발레 하면서 소소한 근육통이 간헐적으로 있었다) 취미로 발레를 한다고 하면 의사 선생님이 꼭 겁을 줬기 때문이다. 그 선생님은 몸에 상당히 무리가 간다며 발레 하기를 만류했다. 나는 그게 듣기 싫어서 웬만큼 아파도 병원에 안 갔다. 줄다리기로 다친 이후에 겨우 찾아간 정형외과는 동네의 또 다른 B병원이었다. 다행히 B병원에서는 힘줄과 근육이 조금 놀란 것 같으니 무리하지 말라며 물리치료와 약물 처방을 해줬다.

나는 기쁜 마음에 다시 발레를 다녔다. 1~2개월이 지나면서 문득 왼쪽 무릎이 예전만큼 제 기능을 하지 못한다는 것을 알게 됐다. 또 얼마간 망설이다 내가 듣기 싫은 잔소리를 하던 A병원을 찾았다. A병원 선생님은 본인이 마라톤을 오래해서 그런지 운동 부상에 대해 훨씬 박식했다. 내 무릎 상태와 당시 상황(넘어진 각도나 들렸던 소리, 느낌)을 자세하게 묘사해달라고 했다. MRI 촬영을 하지는 않았지만 분명히 반월상 연골판이 찢어졌을 것이고, 인대에도 손상이 있을 거라는 청천벽력 같은 진단을 내렸다. 그러면서 당장 수술까지 할 상황은 아니니 주변 근육을 강화하는 운동을 권장했다.

병원의 처방을 고분고분 잘 따르면 어디가 덧나나. 평소에는 말 잘 듣는 모범생이다가도 청개구리 근성은 꼭 이상한 데서 발동이 된다. '발레로 단련하면 근력도 좋아질 거야~'라고 생각하며 말도 안 되는 셀프 처방을 내리고 또 다시 열심히 발레를 했다. 확실히 를르베 업을 하면 왼쪽 무릎에 힘이 안 들어갔다. 그렇게 '를르베 업'과 같은 동작은 넘어가면서 적당히 안 아플 정도로 발레를 했다.

    그러던 2017년 2월 초. 클래스 센터 워크 동작 중 오른쪽으로 뛰는 글리싸드 아쌍블레(glissade assemblé)를 하다가 사건이 터지고 말았다. 착지 순간 내 귀에는 '빽!' 하는 소리가 들렸다. 문제의 왼쪽 무릎이었다. 실제로 수업 중에 "악!" 소리를 내며 주저앉았고, 곧바로 주차장까지 절뚝거리며 갔다. 어떻게 운전을 했는지 기억도 거의 없다(다행히 그나마 왼쪽 다리라서 운전은 가능했다). 그날 어찌어찌 아이들을 돌보며 학원 라이딩까지 마치고 밤에 들어왔는데 무릎이 딱 두 배로 부어 있었다. 제대로 걸을 수도 없었다. 밤새 너무 아파서 무릎 아래에 베개를 받친 채로 자다 깨기를 반복했다. 다음 날 다리를 질질 끌면서 싫은 소리를 하지 않던 B병원에 갔다. 예전에 "힘줄이 놀랐네요~" 하며 나를 안심시켰던 선생님이 내 다리 상태를 보더니, 심각한 표정을 지으며 "아…, 이건…." 하시며 말을 잇지 못했다. 무릎에 주사기를 꽂아서 물이 나오면 그나마 다행이고, 만약 피가 나오면 인대 파열이라고 했다. 두 배로 부어 있는 무릎에 주사기를 꽂는데 감각이 없었다. 그리고 주사기 가득 채워지던 시뻘건 피. 나는 바로 앰뷸런스를 타고 MRI가 있는 병원으로 이송됐다. 검사 결과 전방 십자인대 완전 파열과 내측 반월상 연골판 열상 진단이 나왔다. MRI를 보는데 무릎인대가 있어야 할 자리가 해골의 뚫린 안구처럼 그냥 시커멓게 비어 있었다.

    너무 기가 막혀서 웃음도 눈물도 안 나왔다. 당장 허벅지까지 올라오는 석고 캐스트와 사용도 해본 적 없는 어색한 목발을 짚고, 수술받을 병원 의뢰서를 들고 집으로 돌아와 소파에 멍하니 앉았다. 배도 고프지 않고, 수술 일정 잡을 생각과 아이들 돌볼 생각, 발레는 내 인생에서 끝났다는 생각에 하루 종일 멍하게 보냈던 것으로 기억한다.

일상이 바빠서 쉴 수도 없고, 수술일까지 목발 짚으면서 온갖 일을 다했던 것 같다. 나를 아는 발레리노가 전방 십자인대 완파에 반월상 연골판 열상이라고 하자 딱 한마디를 했다.

"헉! 지영 씨, 그거 군 면제 항목인데. 남자였다면 군대 면제예요. 큰 부상이네요."

그런 이야기를 들으면서도 실감이 되지 않고 속상했다. 그러나 세 아이 엄마의 삶은 그리 녹록지 않다. 여전히 변함없이 바쁘지만 딱 한 가지 변한 현실! 발레를 할 수 없었다. 인대 파열까지는 어떻게 인정하겠지만, 발레를 할 수 없다는 것은 믿기지도 않았고 나의 마음을 심연까지 끌어내렸다.

2017년 4월, 자가건(자신의 힘줄)을 사용한 십자인대 재건술과 반월상 연골판 봉합술을 겸한 수술을 받았다. 3시간 정도 걸린 수술은 무사히 끝났지만, 내 다리는 더 이상 예전의 내 다리가 아니었다. 턴 아웃은 이미 물 건너갔고, 양다리의 밸런스가 완전히 무너진 절망적인 상태에 직면했다. 6주 동안 보조기를 착용하고 무릎 굽히는 각도를 조정하며 외래를 다녔다. 6주 후 본격적인 재활 운동을 시작했다. 담당 재활의학과 선생님이 물었다. "발레를 다시 시작하는 것의 목표치가 어느 정도죠? 선수급인가요? 취미인가요?" 나는 그저 취미니까 아주 혹독한 재활은 아니고 예전처럼 즐기며 발레 하길 원한다고 했다. 그런데 선생님이 말씀하신다. 천천히 차근차근 재활하더라도 한순간 안이한 마음을 가지면 예전처럼 다리가 제 기능을 하지 못할 거라고. 이건 당근과 채찍을 빠른 속도로 번갈아 주시니 어느 장단에 맞춰야 할지 막막했다.

확실히 수술 이후 마음을 비우고 열정을 내려놓을수록 이 상황이 너무나 원망스러웠다. 왜 하필 나에게 이런 상황이 벌어진 거지? 그리고, 죽어도 내 입으로 인정하긴 싫지만 난 예전처럼 다시 발레를 할 수 없게 된 현실에 놓이게 된 것이다.

인터미션. 잠깐의 휴식기라고 생각하고 싶었다. 하지만 엄밀히 말하면 공연 중간의 인터미션이 아니라 막을 내리고 모든 조명이 꺼진 상황이었다. 내가 발레를 향해 달려가는 마음은 공기를 가득 채우고 있는데 연습실의 불은 꺼지고, 문은 닫히고 잠겼다. 나는 그 어둠 속에서 가만히 눈을 감고 기다릴 수밖에 없었다. 칠흑 같은 어둠 속에서 가만히 눈을 뜨고 기다리며 언젠가 어둠이 익숙해지길 바라면서.

준비 중급

바른 발레 기둥 세우기

부상의 복선은
이미 존재했다

수술 후 6주 동안 병원 외래 진료에서 시키는 대로 기본적인 재활을 실시했다. 운동을 위한 재활이 아닌 일상적인 기능을 위한 재활이었다. 우선 무릎을 제대로 굽히기 위해 서서히 주변 근력을 강화하는 동작을 반복했다. 그러고 나서 본격적인 재활 운동을 시작하기 전에 초음파와 간단한 운동 기능 검사를 했다.

유연성 하나로는 절대 뒤지지 않았던 나였다. 재활의학과 주치의가 내 다리를 잡고 이리저리 돌리고 늘여보더니 의미심장한 이야기를 전했다. 특히 똑바로 누워서 다리를 들어 상체에 붙이는 동작, 발레로 따지면 바뜨망 땅뒤 드방(battement tendu devant)을 차는 동작을 했다. 거의 엿가락 인간에 필적하는 나의 유연성을 보더니 의사가 말했다.

"이 검사는 환자분에게 의미가 없네요."

"네, 제가 좀 많이 유연해요."

"그런데 인대가 무척 헐거운 상태인 거 아세요?"

"(이건 또 뭔 소리?) 인대가 헐거울 수도 있나요?"

"몸이 유연한데 근력이 약하면 관절의 하중을 인대와 힘줄이 견뎌야 해요. 환자분의 경우는 근력이 부족해서 인대에 무리가 가죠. 무릎도 뒤로 많이 휘어 있잖아요."

"발레를 오래해서, 나름대로 운동을 열심히 했다고 생각했는데요."

"음… 솔직히 제가 보기엔 유연성은 향상됐을지 모르지만, 근력과의 밸런스가 썩 좋지 않아요."

"한마디로 말하면 쓸데없이 유연하기만 한 거네요."

"그렇다고 볼 수 있죠."

(정말 얄밉도록 진실만을 얘기하는구나…)

나는 다시 혼란에 빠졌다. 건강해지려고 발레, 아니 운동을 그렇게 열심히 했는데 결국 부상을 입어 수술을 했다. 그리고 지금은 밸런스가 맞지 않는다고 한다. 부상의 시작은 6개월 전 줄다리기였다. 수술을 집도한 교수님도 아마 그때 전방 십자인대에 손상을 입어 반 파열 정도로 예측이 된다고 했다(당시 정확한 검사를 하지 않았으니 며느리도 모르는 셈인 거다). 게다가 나는 선천적으로 전형적인 X자형(외반슬) 다리였다. 게다가 뒤로도 휘어 있는 백 니(back knee, 반장슬)까지 갖춘 다리 모양이라서 무릎인대가 정상 범위보다 상당히 헐거운 상태였다. 주변 근육을 강화하면 문제가 없다. 그런데 내 경우엔 보통 X자 다리가 발레 하기는 좋다는 유언비어(?)에 홀려서 더욱 X자가 되도록 마음껏 다리를 사용했다. 나중에 알게 된 사실이지만 하지 쪽 관절 분절의 조정에 신경 쓰지 않고, 무의식적으로 무릎을 계속 밀면서 발레를 해왔던 것이다. 이런 잘못된 사용법이 그 정도로 엄청난 부상을 야기한다는 것조차 몰랐다. 솔직히 관심도 두고 싶지 않았다. 깊이 알기에는 이미 재미를 맛봤으니까. 원래 무식하면 무섭도록 무모해진다.

 병원에서 지정해주는 날짜에 재활 운동을 실시했다. 무릎이 제 기능을 못 하는데 왜 이렇게 전신 근력운동을 하는 것인지…. 복근 운동, 스트레칭 밴드로 다리 근육 강화도 하고, 반구 모양의 보수볼(bosu ball)에 올라서서 밸런스를 잡기도 했다. 나머지는 어느 정도 하겠는데 제일 힘든 건 상체 근력운동이었다. 어깨 근육과 가슴 근육, 팔 근육의 양이 절대적으로 부족한 터라 조금이라도 무게를 늘리면 다음 날 밥을 먹을 때 숟가락 하나 들기 힘들 정도였다. 재활 운동 담당 선생님은 상체 근력이 어쩌면 이렇게 제로 상태냐면서 힘을 좀 기르라고 했다. 부들부들 떨면서 힘들어 죽을 거 같다고 하니까 근력이 거의 60대 연령 정도의 심각한 수준이라고 한다. 지금까지 발레를 하면서 한 포르 드 브라는 뭐였을까? 나름 등근육 키운다고 백조 날갯짓 동작도 엄청 열심히 했었다. 그러고 보니 백조 동작이 묘하게 백조 같지 않았던 건 내가 근육을 잘못 사용했기 때문이었을까? 심하게 다치고 나니 이젠 내 몸의 다양한 부분에 대해 의심과 의문을 계속 던지는 상황에 직면했다.

 수술 후 차분하게 재활 운동을 시작하면서 부상 이전에 이미 펼쳐져 있던 복선 퍼즐을 이해하게 됐다. 그동안 발레만이 최고라고 여긴 오만함에 대해서도 반성했다. 또한 내 몸 상태에 대해서도 모르고, 발레에 적

합한 동작을 제대로 알지도 않은 채, 단순히 발레를 좋아한다는 이유만으로 지난 5년여 동안 내 몸을 남용한 것이 가장 큰 원인이었다.

차에 관심이 많고 기계를 좋아하는 어린이가 있다고 치자. 그 아이에게 차 키를 주고, "어때? 너는 차를 좋아하니 직접 운전하다 보면 감이 올 거야. 오른쪽이 액셀러레이터, 왼쪽이 브레이크야. 이 스틱을 D에다 놓으면 주행이고, 뒤로 가고 싶을 땐 R에다 놔. 아! 오토매틱이더라도 기어를 바꿀 땐 브레이크를 밟아야 해. 주차하고 나서는 사이드 브레이크 걸고, 나와서는 잘 잠겼는지 확인해!" 하고 말할 수 있을까?

이와 같은 상황이 실제라면 말도 안 된다고 여길 거다. 그런데 불행하게도 내가 발레를 했던 상황이 정확히 이런 거였다. 나는 발레를 정말 많이 알고 좋아한다고 자부했는데, 정작 가장 중요한 내 몸 사용법을 모르고 있었다. 선생님들은 옳은 방법을 열심히 가르쳐주었지만, 난 내 방식대로 해석하고 몸에 대해서 깊이 고민하지 않았다. 오히려 선생님이 보이는 시범에 조금이라도 가깝도록 비슷하게 흉내 내기에 급급했다. 초보운전자가 한겨울에 차를 끌고 나왔다고 생각해보자. 빙판길이나 눈길에서는 4륜 구동 차량이 훨씬 유리하다. 또 내가 운전을 잘하는 것만큼 방어운전도 할 줄 알아야 한다. 무엇보다 주행 중 어디선가 경고등이 들어오면 이것이 무엇을 의미하는지는 알아야 한다. 자율주행 시대가 시작되어도 운전석에 앉아 있는 이상 운전에 대한 기본과 중요한 차량 정보는 파악하고 있어야 한다. 그냥 모든 상황 무시하고 내 갈 길만 가겠다고 생각하거나 엔진오일, 워셔액, 경고등 따위는 깡그리 무시해버리면 어떻게 될까? 차는 보란 듯 고장이 난다. 그리고 사소한 고장으로 큰돈을 들여서 차를 수리해야 한다.

　사용설명서도 읽지 않고 복잡한 기계를 되는 대로 사용한다면 기계의 수명을 단축시킨다. 하물며 인간의 몸은 페라리, 람보르기니, 벤틀리, 부가티를 능가하는 메커니즘을 가지고 있다. 뼈, 인대, 근육, 힘줄, 신경… 이 모든 조직이 웬만한 명품 자동차보다 훨씬 더 정교하게 구성되어 있다. 매일 숨 쉬고 있는 명품 유기체인 우리의 신체를 어떻게 사용해야 할지 고민해야 한다. 우리 몸의 어떤 부분이 어떻게 유기적으로 작동할지 언젠가 알게 될 거라는 기대는 버리기를 바란다. 지금부터라도 자신의 몸을 더욱 아끼고, 부상은 실력 향상을 위해 지나쳐야 할 터널이라는 착각은 버렸으면 한다. 어디가 아프다는 것은 부상의 암흑 기운이 가득한 복선이 스며들었다는 것을 의미한다. 심각한 경고등이 들어온 것이다.

　자! 이제는 발레를 어떻게 바라볼 것인가?

발레계 간달프 쌤과
글로 배우는 기초 발레

6

준비 6강

하이퍼와 하이포 사이의 균형

윤작가는 이제 유연성과 근력의 밸런스에 초점을 맞추기 시작했군요. 발레를 하는 사람이라면 누구나 한 번쯤 하는 고민이죠. 유연성이 떨어지는 뻣뻣한 몸인데 발레 동작을 할 수 있을까? 근육이 너무 잘 생기는 체질인데 발레를 하다가 근육만 과도하게 생기는 것이 아닐까? 이런 고민들에 대해 알아보도록 합시다.

하이퍼(hyper) = 과도함 vs 하이포(hypo) = 부족함
운동학에서 통상적으로 하이퍼는 유연성, 하이포는 그 반대의 의미인 뻣뻣한 상태를 뜻합니다. 신체 활동에서는 유연한 쪽이 좀 더 유리합니다. 특히 발레처럼 신체 운동능력을 극대화하는 예술 분야에서는 유연성 쪽인 하이퍼를 선호하는 편입니다.

무대에서 춤을 추는 무용수는 이상적인 동작을 가장 효율적으로 수행했을 때 육체적 만족감과 정신적 성취감을 느낍니다. 동시에 관객은 춤을 추지 않더라도 인간의 본능적인 감각으로 춤이라는 행위에 대한 공감과 대리만족으로 감동을 경험합니다. 누구나 공감할 만한 일반적인 감동은 하이퍼와 하이포의 양립이 아닌 적절한 중립에서 이루어집니다. 유연성 끝판왕 대잔치가 아닌 중립에서 감동이라니 조금 의외의 답처럼 느껴지지 않나요? 일반적인 움직임인 중립에서 우리가 무슨 감동을 한다는 이야기일까요?

예를 하나 들어보겠습니다. 인간의 신체 중 목 부위는 어깨를 기준으로 일곱 개의 경추와 두개골을 이루는 관절로 이루어져 있습니다. 각 관절의 합산 운동범위 각도는 90도 정도입니다. 보통 목을 옆으로 돌려서(도리도리하는 동작입니다) 측면을 바라볼 때 이상적인 최대치는 옆 어깨라인이 보이는 90도입니다. 즉, 목을 돌려서 옆 어깨라인이 보이는 범위가 이상적인 최대치입니다. 이때 목의 선명한 흉쇄유돌근(일반적으로 발레리나를 떠올릴 때 드러나는 목선 측면 근육)의 라인이 보일 때 아름답다고 여겨집니다. 하지만 운동범위를 넘어선 각도가 나온다면 징그럽다 못해 공포가 느껴질 겁니다(갑자기 발레 수업 시간에 영화 <링>의 사다코 호출 상황이 오는 거죠). 비단 목 라인뿐만 아니라 신체의 모든 관절에 해당하는 이야기입니다.

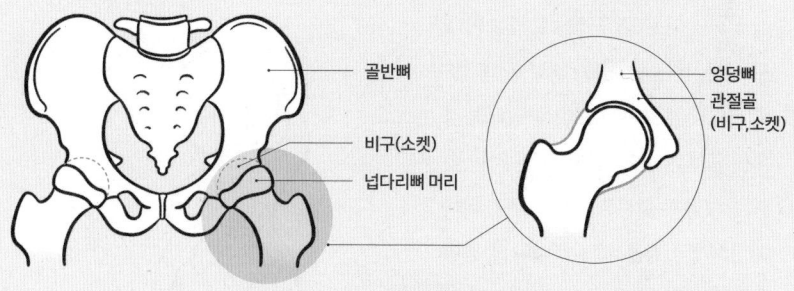

〈엉덩관절 구조〉

발레를 할 때, 특히 하체 관절의 유연성과 그 결과로 만들어지는 라인은 매우 중요한 부분입니다. 완벽한 엉덩관절의 턴 아웃과 무릎이 쏙 들어가고, 발등이 돌출되고, 발가락 끝까지 힘을 느낄 정도의 텐션에서 오는 자연스러운 S라인의 하체는 누구나 아름답다고 느낍니다. 이렇게 아름답다고 느껴지는 자연스러운 라인은 어떻게 만들어질까요? 대부분의 사람은 일상생활 중 잘못된 자세나 움직임으로 인해 하이포로 가기 쉽습니다. 이를 극복하기 위해 스트레칭을 통해 관절 가동범위를 넓히려 노력해야 합니다.

그러나 여기서 정확한 방법을 인지하지 못하고 유연성만 갖추고 하이퍼로 가는 극단적인 노력을 하는 경우가 종종 발생합니다.

하이포 성향을 가진 사람이 자신의 운동범위를 무시하고 무리한 스트레칭을 하면 근육이나 힘줄에 손상을 일으킬 수 있습니다. 하나를 하더라도 정확히 알고 해야 합니다. 뻣뻣하다고 여겨지는 신체는 역학적으로 비효율적이면서 동시에 부상에 노출될 수 있습니다. 그렇다고 하이퍼를 향한답시고 신체의 골격과 근육의 정렬 위치를 무시한 채 미묘하게 잘못된 방향으로 격렬하게 스트레칭을 하면 부상으로 가는 지름길임을 기억하세요.

반대로 하이퍼 성향인 사람도 마찬가지로 위험요소가 존재합니다. 아마 윤작가가 비슷한 경우라고 생각됩니다. 무릎 관절의 유연성이 과도해 과신전(過伸展, hyper-extension)이 된 경우에는 오히려 반대로 제한시켜 정상 범위 내로 돌아오도록 노력해야 합니다. 또한 하이퍼의 경우는 근육이 함께 제한되어야 하는 범위가 상당히 불분명하기 때문에 더욱 예민하게 신경을 써야 합니다. 신경이 주는 신호와 몸의 상태가 일치되지 않으면 그 차이로 인해 부상이 빈번하게 발생합니다.

무릎의 과신전으로 인한 백 니의 경우 단순히 뒤로 넘어가는 것이 아니라 넙다리뼈와 정강뼈에서 비이상적 회전, 즉 무릎 뒤틀림이 발생합니다. 엉덩관절의 전후 움직임은 골반회전

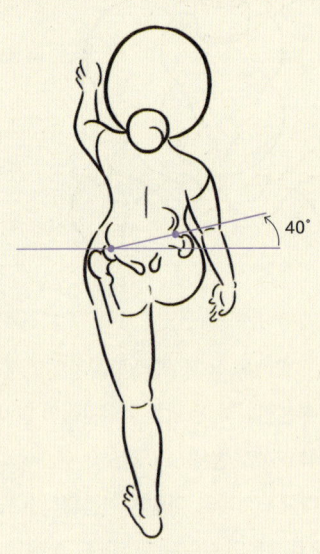

〈직립보행 시 발생하는
자연스러운 골반회전각〉

각(PRA, pelvic rotation angle)과 복합적 움직임이 있는 골반을 기준으로 볼 때 자연스러운 곡선의 움직임 경로가 만들어집니다. 윤작가가 말하는 백 니 상태는 엉덩관절의 복잡하고도 명확한 운동 원리를 무시한 채 과신전을 더욱 사용함으로써 중심 이동의 방법인 보행이나 발레 스텝에 차질이 생길 수밖에 없는 것이었습니다.

무릎 관절뿐만 아니라 엉덩관절에서도 동일하게 신경 써야 합니다. 특히 엉덩관절은 비교적 움직임이 자유로운 관절이지만 골반과 넙다리뼈의 위치 관계가 분명해야 합니다. 그리고 관절의 움직임을 통해 이뤄지는 그랑 바뜨망 쥬떼의 경우 움직임의 경로가 명확해야 합니다. 이 역학 관계는 발레뿐만 아니라 일반적인 보행에서도 상당히 중요하므로 여러분의 엉덩관절의 상태를 객관적으로 살펴볼 필요가 있습니다.

여기까지 읽으니 좀 이해가 되나요? 하이퍼 상태, 즉 유연성을 높이겠다고 신체 정렬 상태와 구조를 무시한 채 잘못된 움직임으로 반복 연습을 하면 어떻게 되는지…. 동작의 효율이 떨어짐은 물론이고 바람직하지 않은 반복 움직임으로 인한 만성적 부상을 불러오게 됩니다.

종이 한 장을 찢으려 접은 선이 잘못돼서 다시 펴려고 해도 종이에 자국이 남습니다. 아크릴판을 자르려고 절단선에 자를 대고 힘차게 그었는데 옆길로 새기도 하죠. 이런 경우 다시 아크릴 칼을 이용해 만회하려고 해도 잘못 그어진 선을 지울 수 없습니다. 어떤 동작 하나를 하더라도 정확한 목적과 신체에 각인될 바른 경로를 설정하는 것이 필요합니다. 바른 신체와 최상의 결과를 향해 가는 그 첫걸음에 신중하게 접근하도록 합시다. 지금 자신의 몸 상태를 다시 한번 객관적으로 점검할 시간입니다.

낙숫물이
바위를 뚫었다

이번엔 추억의 속담이다.

'낙숫물이 댓돌을 뚫는다.'

사방 천지에 아파트가 들어선 요즘 같은 세상에 댓돌의 의미도 생소하고, 실제로 볼 기회도 적다. 빗물이 한 곳에 모이는 우수관의 존재는 알아도, 운치 있게 댓돌 위로 한 방울씩 떨어지는 낙숫물을 찾기는 쉽지 않다. 그러나 많은 사람이 이 속담을 알고 있다. 실제로 오랜 시간 동안 같은 지점에 떨어지는 물은 바위를 쪼갤 수도 있다. 그렇게 미세한 힘이 모여서 어마어마한 결과를 낳는다. 그나마 긍정적 반응이면 다행인데, 문제는 부정적 결과를 낳는 상황이다.

　　나중에 안 사실이지만 발레를 하다가 크고 작은 부상이 생기는 경우가 허다하다. 경도의 통증이나 염증은 상관없다고? 아니다. 무엇이든 시작됐다면 절대 우습게 보지 말라. 내가 전방 십자인대 완전 파열이라는 무서운 부상을 당하고 보니 대략 두 가지 반응으로 나뉘었다. "발레를 정말 열심히 했나 보네!"와 "발레 하기 전부터 원래 약했던 것 아니야?"였다.

결론부터 말하자면 둘 다 맞다. 첫 번째 반응은 발레를 하지 않는 외부자들이 나를 바라보는 관점이었다. 두 번째 반응은 취미발레인들이 '저런 재수 없는 부상은 나에게 오지 마!'를 마음으로 외치는 주문 같은 대답이었다. 나 역시 그랬다. 발레를 하다가 좀 심하게 아프거나 다치는 사람이 있으면 '저런 부상은 절대 나에게 옮지 마라'라고 주문을 외면서 부상이 마치 악귀라도 되는 것처럼 퇴마의식을 펼쳤다. 그러면서 말도 안 되는 핑계를 대며 스스로를 위로했다. 마음속으로 '어머…, 저 사람(부상자)은 몸을 진짜 막 썼나 봐'라고 생각하며 부상자와 나는 다른 존재라고 여기는 착각에 빠진 것이다.

사실 나도 여기저기 아픈 적이 꽤 있었음에도 불구하고 자가 최면을 건 것이다. '저 사람 다친 건 다친 거고, 내가 아픈 건 열심히 해서 그런 거야! 그리고 나는 적당히 아파도 이 즐거움을 포기할 수 없으니 계속 발레를 하겠어!' 쳇! 지금 생각해보니 이런 비논리적 사고에 헛웃음만 나온다. '내로남불'이랑 무엇이 다르단 말인가? 발레에 맞게 단어를 치환한다면 내열남부(내가 아프면 열정, 남이 아프면 부상) 정도가 되겠네. 만약 독자 중에 '이 사람 혹시 내 머릿속으로 들어온 거 아니야?'라고 생각했다면, 발레에 대해서 다시 한번 진지하게 고민할 것을 권한다.

이쯤에서 돌직구 팩트를 하나 던지겠다. 통증이나 염증이 없다고 부상이 오지 않을까? 아니다. 부상 발생은 보통 나처럼 하나의 사고에서부터 시작되기도 한다. 문제는 그 발화점이다. 발화 물질이 주변에 널려 있으면 작은 불씨만으로 걷잡을 수 없는 결과를 초래한다. 내가 다친 부위는 무릎이어서 허리뼈 디스크 파열이나 아킬레스건 파열, 피로 골절, 부주상골 증후군 등 타 부상의 통증이나 불편함에 대해서는 경험을 공유하기가 어려울 듯하다.

요즘은 드물지만, 예전에는 결혼식에서 성혼 선언 직전에 "이 결혼에 반대하는 분은 지금 말해도 좋습니다"라고 말하는 황당한 순서가 있었다. 영화나 드라마에서는 가끔 이 상황에서 "난 이 결혼 반댈세!"라고 외치며, 신부 손을 잡아끌고는 식장을 뛰쳐나가는 인간이 등장한다. 내가 지금 던지는 돌직구를 결혼식 막판에 진상을 부리며 초 치는 인간의 발언쯤으로 치부하지 말기를 바란다. 결혼식 당일은 꽃길이지만, 결혼이든 비혼이든 인생이 마냥 꽃길로만 이루어지지 않는다는 것을 나이가 들어가면서 저절로 알게 됐으니 연륜이 생긴 건가?

발레를 하면서 몸이 아파도 자신이 느끼는 즐거움만큼은 버리지 않겠다는 마음이 더 크다면 여기서 책을 덮어도 좋다. 꽃길만을 꿈꾼다면 앞으로 나와 이야기할 포인트가 다르기 때문이다. 또한 취미로 하면서 꽃길만 바라는 사람에게 억지로 딱딱한 이야기를 강요하고 싶지 않다. 그렇다고 당신의 즐거움을 배가시키기 위해서 간접 페로몬을 뿌려주고 싶은 의도도 없다. 오히려 예상치 못한 큰 부상을 입었기에 좀 더 명확하게 사실을 전달해야겠다는 마음만 간절할 뿐이다.

자, 그럼 이쯤에서 곰곰이 생각할 타이밍. 전방 십자인대 파열과 내측 반월상 연골판 열상. 우선 십자인대 파열은 결코 가벼운 부상이 아니다. 보통 축구 선수들이나 스키 선수들이 가장 빈번하게 겪는 부상이다(꼭 축구 선수가 아니어도 조기 축구, 군대 축구를 하다가도 한 방에 나갈 수 있는 부위가 십자인대다). 그렇다면 내 경우를 역으로 추적해보자. 내가 유치원 학부모 줄다리기에서 넘어졌을때 이미 우선 절반 정도의 파열이 발생했다고 치자. 수술 후 주치의는 내 무릎인대가 나이에 비해 상대적으로 아주 헐겁다는 이야기를 했다. 이를 뒤집어 생각해보면 나는 무릎 주변의 근육 강화가 전혀 이루어지지 않았다는 결론을 내릴 수 있다. 발레를 하면서 열심히 매트 운동을 하고, 바 워크나 센터 워크도 죽어라 했다. 중년의 나이임에도 불구하고 여름에 비키니 입으면 식스팩까지는 아니어도 11자 복근은 제법 선명하게 나올 정도였다. 그런데 내 부상의 발화점, 즉 바위를 쪼갤 집요한 낙숫물은 도대체 무엇이었을까?

지금까지의 정황으로 유추해보면 내 몸을 객관적으로 파악하지 않았던 불찰 때문이다. 그러고 보니 발레를 처음 배울 때의 사건을 잊고 있었다. 바 워크를 마치고 림바링을 하는데 선생님이 뒤로 오시더니 내 몸이 워낙 유연해서 중심과 축을 제대로 잡지 못한다고 이야기했던 게 기억난다. 발레는 워킹 레그보다 스탠딩 레그의 상태가 더욱 중요하다. 나는 골반의 위치, 엉덩관절과의 연계성은 무시한 채 다리를 높이 드는 쾌락에만 빠졌던 것이다. 그동안 멋진 발레리나의 동작을 보면서 흉내 내기에 급급했던 것이 사실이다. 겉모습의 화려함에만 홀려서 정작 내 몸의 뼈와 관절, 인대, 힘줄, 근육의 사용에 대해서는 애써 눈을 감았다. 모로 가도 서

울만 가면 된다는 주의였다. 정작 어떻게 갈 것인지는 생각도 하지 않았다. 어떻게든 목적지에 도착하는 데만 급급해서 결국 인대까지 끊어진 내가 무슨 변명을 하겠는가? 수단과 방법을 가리지 않았던 무모함의 낙숫물이 결국 신체라는 바위 중 약한 부위를 가차 없이 깨버린 것이다.

기승전'취미발레'. 좋다. 그 취미발레라는 단어 안에는 실력 향상, 장비병, 건강, 행복함, 자신감, 자랑하고 싶은 마음 등등이 전부 포함되어 있을 것이다. 그런데 결(結)에 해당하는 취미발레 파트만 중요할까? 절대 아니다. 당신의 바른 발레 생활을 위해서는 '기승전' 과정을 가볍게 여기면 안 된다.

햄스트링을 언제 얼마나 쓰는지도 잘 모르고, 아라베스크나 아띠뛰드(attitude)를 많이 한 날에는 허리가 부러질 것처럼 아프고, 안쪽 허벅지에 기분 나쁜 통증이 발생하고, 종아리가 종종 심하게 뭉치고, 상체 박스 형태를 유지하며 죽도록 발레를 해도 갈비뼈가 잘 닫히지 않으면서 흉곽이 벌어지고, 무릎의 과신전이 점차 발전된다면 자신의 몸 어디선가 낙숫물이 온종일 떨어지고 있는 것이다. 어떨 때는 한 방울씩 똑똑 떨어지는 것이 아니라 고장 난 수도꼭지처럼 졸졸 물이 새고 있을지도 모른다. 조심하라. 신체 어느 부위의 바위를 가차 없이 깰지는 아무도 모르는 일이다. 격렬한 축구도 아닌 우아함의 끝판왕 발레 때문에 십자인대도 한 방에 끊어먹을 수 있고, 척추의 디스크도 한 방에 터뜨릴 수 있다(쓰고 보니 눈의 여왕, 밤의 여왕 귀싸대기도 날릴 수 있는 어마무시한 마녀 같은 발레. 우훗!).

소 잃고 외양간 고칠 수는 있지만 그동안 희생할 게 너무 많다. 소가 슬슬 바람난다 싶으면 미리 외양간을 튼튼하게 만들라. 소 잃으면 말짱 꽝이다. 다치고 나서 재활 발레를 하고 있으면 마음은 겸허해지지만, 몸은 정말 힘들다. 이제 자신을 예쁘게만 보는 마음은 잠시 내려놓고 아주 객관적으로 자신의 상태를 바라보길 진심으로 권한다.

발레계 간달프 쌤과
글로 배우는 기초 발레

7

준비 7강
발레 동작 중 신체 사용에 대한 오해와 편견

윤작가가 부상 이후로 심각하게 깨달음을 얻기 시작한 것 같습니다. 다행스러우면서 한편으로는 걱정도 됩니다. 그래도 우리는 오늘의 할 일을 먼저 해야겠죠? 수업 들어갑시다.

학생들에게 발레를 가르칠 때에는 가르치는 사람의 지식과 오랜 경험을 통해 얻은 지침이 사용됩니다. 가르치는 사람의 용어나 스타일에서 미묘한 차이가 있을 뿐 대부분의 지침은 근본적으로 같은 의미입니다. 그러나 때로는 미묘한 표현의 차이로 인해 학생들에게 전혀 다른 의미로 전달될 때가 있습니다.

가르치는 입장에서도 근본적인 동작의 원리를 파악하지 않고, 눈에 보이는 동작의 형태에만 치중한 나머지 자세나 동작에 관한 충분한 연구 없이 단편적인 이론을 보급하기도 합니다. 문제는 이렇게 잘못된 이론이 관용적 표현처럼 사용된다는 거죠. 이번 강좌에서는 이런 오해와 오류에 대해 정리를 해보고자 합니다.

바뜨망 땅뒤 쥬떼(battement tendu jeté) 할 때 삐께 동작

의문점 "발끝으로 바닥을 크게 소리가 날 정도로 강하게 찍으면서?"

삐께(piqué)의 뜻은 뾰족한 것으로 찌른다는 것입니다. 발레에서 삐께는 무릎을 곧게 펴고 발끝을 포인트로 해서 들고 있던 발을 순간적으로 바닥에 빠르고 강하게 터치하는 동작입니다. 이 과정이 눈에서 보이는 모습은 45도 높이로 들어 올린 다리의 관절, 무릎, 발목 등을 최대한 편 상태로 빠르게 바닥을 터치하며 다시 원점인 45도 높이로 되돌아오는 것입니다. 이때 바닥과 발이 부딪히는 순간의 모습이 강하게 느껴질 겁니다.

여기서 눈에 보이는 대로만 인식하면 곧게 펴서 유지한 무릎과 발목 그리고 강하게 바닥과 부딪히는 발끝에 신경이 집중되기 쉽습니다. 곧게 편 무릎과 발목은 당연히 지켜져야 합니다. 그런데 삐께를 완성하는 근본적인 움직임의 원동력은 들고 있는 다리의 발끝이 바닥에 닿는 위치까지 빠르게 내려오는 동작에 필요한 관절과 주변의 근육군에 있습니다. 다시 말하면 엉덩관절의 빠르고 강력한 예리한 움직임을 위한 동작입니다.

삐께를 하는데 발끝에 힘을 주는 것이 아니라 엉덩관절의 움직임에 중점을 두니 좀 혼란스러운가요? 그렇다면 이런 모습을 상상하면 됩니다. 남녀노소 불문하고 누구나 재밌게 하는 공기놀이. 이 놀이의 절정은 연수를 높이기 위한 마지막 단계 다섯 알 꺾기입니다. 손등에 올라간 공기 알을 공중에 띄우고 손을 꺾지 않은 채 손바닥으로 움켜쥘 때 손의 움직임

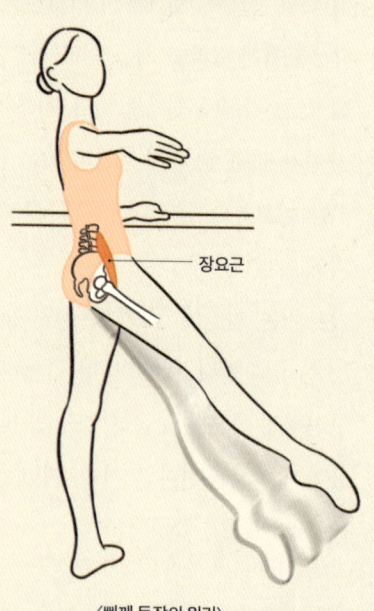

장요근

〈삐께 동작의 원리〉

을 떠올려봅시다. 공깃돌을 허공에 띄우는 것과 동시에 재빠르게 팔과 손목의 스냅을 이용해 공중에서 낚아채서 손바닥 안에 안착시킵니다. 이때 만약 공깃돌을 낚아채기 위해 주먹 쥔 손이 바닥에 너무 가까이 있다면 어떻게 될까요? 그렇습니다. 운동의 관성이 작용하는 타이밍입니다. 다음 장면은 영화 속 남자 배우가 화를 내는 상황 클리셰인 주먹을 바닥에 강하게 내리치는 상황과 동일하게 연출되겠죠. 삐께의 최종점도 바닥이 아니라 원래 들고 있던 다리까지 돌아오는 것이 목표입니다. 그러나 대다수는 삐께를 할 때 자신도 모르게 발끝으로 땅을 내리찍는 것에 집중하기 쉽습니다.

그러면 이쯤에서 삐께를 한번 해봅시다. 물론 무릎과 발끝은 동작 시작에서 끝까지 곧게 편 상태를 유지해야 합니다. 다리를 들고 있는 동안은 엉덩관절의 바깥 부분에 힘이 들어가야 합니다. 이때 엉덩관절 부위 근육의 말단인 힘줄(건, tendon) 두 가닥이 느껴진다면 비교적 바르게 들고 있는 것입니다. 겉에서 만져지기 어려운 근육도 함께 사용하고 있지만 여기서 주동근(主動筋)은 벌림근(외전근)인 넙다리빗근(봉공근, sartorius muscle)과 넙다리근막긴장근(대퇴근막장근, tensor muscle of fascia lata) 정도입니다. 이 근육을 수축하고 있다가 순간적으로 힘을 빼면 다리가 자유낙하하겠지만 그 정도의 속도로는 강한 동작의 이미지를 만들어내기에 부족하므로 엉덩두덩근막(iliopectineal fascia), 두덩정강근(gracilis muscle) 등을 포함한 여러 모음근(내전근)을 순간적으로 수축시켜 강하고 빠르게 다리를 바닥으로 내립니다.

이때 바닥에 닿을 때까지도 그 강한 힘을 유지한다면 공깃돌 꺾기에서 바닥에 주먹을 내리치는 상황이 되는 겁니다. 그러니 바닥에 닿기 직전에 오히려 가벼운 터치만 시도하고 다시 벌림근을 사용해 빠르게 떨어지고 있는 다리를 낚아채듯이 임팩트 있게 들어 올려야 합니다. 그리고 원래 위치에서 처음 형태대로 다리를 유지해야죠. 오로지 발끝에만 힘 주는 것이 아니라 엉덩관절에서 다리 전체를 컨트롤할 수 있는 능력이 형성되어야 합니다. 마치 독수리가 강력한 하강 끝에 지표면의 먹이를 순간적으로 낚아채듯 말입니다. 이래도 삐께를 도끼 내려찍듯이 하실 건가요?

를르베 업
의문점 "발등을 바깥으로 밀어내면서?"

평소 기립 자세에서는 발바닥 전체를 바닥에 대고 서 있게 됩니다. 그에 반해 를르베 업은 발뒤꿈치를 바닥에서 띄우고 발의 앞부분에 체중을 실은 채 서 있거나 오르내리는 동작입니다. 보통 까치발을 들 때의 모습을 떠올리면 됩니다. 일반 발레 슈즈의 경우 발가락은 발등 쪽으로 꺾인 상태, 토슈즈의 경우 발끝까지 세운 채 서 있는 포인트 상태입니다. 정확한 를르베 업은 위의 두 가지 경우 완전한 포인트를 했을 때 정강이뼈에서부터 발등, 발끝까지 일직선이 돼야 합니다.

발레에서 포인트는 다리를 들었을 때 발끝까지 깔끔한 라인이 만들어질 뿐 아니라 정확한 를르베 업 동작을 위해서도 갖춰야 할 조건입니다. 많은 사람이 완벽한 발의 포인트를 만들기 위해 발끝을 누르거나 포인트 보조기를 이용해 발목과 발등, 발가락에 이르기까지 일직선 이상으로 보이기 위해 노력합니다. 동작 중 그 상태를 유지할 수 있도록 스트레칭 밴드를 사용해 근력 강화 훈련을 하기도 합니다. 발목과 발 부위의 스트레칭을 통해 관절 운동범위가 확보되면 근력이 없을 때보다 동작하기가 쉬워집니다. 특히 종아리 근육에 필요 이상의 무리가 가지 않는 것도 장점이죠.

여기서 발목, 발바닥 아치 부분과 발끝 관절 부위가 를르베 업을 위한 포인트 동작에 사용됩니다. 이 세 부분은 유연성과 근력을 동시에 갖춰야 합니다(윤작가는 유연성과 근력의 밸런스가 심한 불균형 상태인 것으로 진단을 받았는데 이런 경우 무리하게 이 동작을 반복하다가 부상이 오기 쉽습니다). 발이 를르베 업 상태의 포즈를 취할 때 발등이 발목 부위와 바닥에 닿아 있는 발끝이나 발허리뼈(중족골, metatarsal bone)의 끝 부위 사이에서 안정적으로 밸런스를 잡으려면 아치 부분의 역할이 매우 중요합니다. 간혹 발끝을 눌러 발등을 펴지 않아도 될 만큼 선천적으로 포인트가 좋은 사람은 이 동작을 쉽게 할 수 있습니다. 하지만 대부분 그런 조건을 타고나지 않으므로 깔끔한 동작을 위해서는 많은 노력이 필요합니다. 종종 발등 곡선(일명 발등고)을 만들기 위해서 발가락을 발등 쪽으로 꺾어

바닥에 대고 선 채로 체중을 실어서 스트레칭을 하기도 합니다. 유연성 기르기에는 효과가 있을지 모르지만, 이렇게 발바닥근을 사용하지 않는 식의 스트레칭을 반복하면 오히려 발등 부위 관절과 주변 연부 조직에 스트레스를 줘서 차후에 부상으로 연결되기도 합니다. 드미 포인트까지는 크게 문제가 발생하지 않지만, 토슈즈를 신고 앙 뽀엥뜨(en pointe) 상태에서는 이야기가 달라집니다. 일정 이상의 위치에 다다르면 발등에 부담을 주는 수동적 스트레칭을 지속할 때 오히려 그 부위가 약화됩니다.

이쯤에서 를르베 업 동작을 명확히 설명하자면 두 발로 하든 한 발로 하든 발등은 발바닥근의 수축에 의한 이차적 움직임으로 유지돼야 합니다. 먼저 발등을 밀어내는 것이 아니라 발바닥근의 수축이 먼저 이루어지고 난 후에 발이 저절로 위로 밀려 올라가는 순서로 진행돼야 합니다. 자신이 바르게 발바닥근을 사용한 를르베 업을 했다면 한 발로 섰든 두 발로 섰든 발바닥근에 느껴지는 묵직한 사용감의 차이가 거의 없어야 합니다. 지금 한번 스스로 차이를 비교해보세요. 바람직한 를르베 업이라면 두 발로 동작을 할 때는 허벅지 안쪽 모음근을 수축시킨 채로 종아리 부위 근육을 수축시켜 발목을 펴면서 동시에 발등이 밀려져 나올 만큼 발바닥 근육을 수축시켜야 합니다. 한 발 를르베 업의 경우 엉덩관절의 모음근을 사용해 골반과 넙다리뼈가 이루는 각을 최대치로 유지하면서 골반이 전방이나 후방으로 기울어지지 않도록 합니다. 이후 무릎 관절에 힘이 빠지지 않게 허벅지 앞쪽 근육인 넙다리네갈래근(대퇴사두근, quadriceps femoris muscle)을 긴장한 상태로 발목, 발바닥 근육의 수축으로만 동작을 수행합니다.

발레를 처음 배우며 를르베 업을 할 때 흔히 발등만 먼저 밀어내면서 발목, 무릎, 엉덩관절, 골반을 기차의 꼬리마냥 나중에 챙기는 실수를 범합니다. 이런 나쁜 습관이 몸에 배면 몸을 사용하는 우선순위가 뒤죽박죽된 채로 상위 동작으로 가는 상황이 벌어집니다.

이제는 편견을 버릴 수 있나요? 를르베 업은 발등을 밀어내는 힘이 우선이 아니라 발등이 밀려 나올 만큼의 강한 발바닥 근육을 먼저 사용해야 한다는 것을···.

그랑 바뜨망 알 라 스꽁드 또는 데블로뻬

의문점 "안쪽 근육을 사용해 길게 멀리 보내는 느낌으로?"

바 워크 중 한 다리는 바닥을 지지하고 선 채로 다른 한 발을 앞(드방, devant), 옆(알 라 스꽁드, à la seconde), 뒤(데리에르, derrière)의 방향으로 아주 열심히 휙휙~ 내던지는 그랑 바뜨망 쥬떼의 목적이 무엇일까요? 당연히 센터 워크 또는 바리에이션에서 그와 유사한 동작을 잘하기 위한 연습이겠죠. 드방, 알 라 스꽁드, 데리에르의 경우가 각각 다르지만 여기서는 옆으로(알 라 스꽁드) 드는 동작에 대해 설명하겠습니다.

다리를 잘 들거나 차올릴 때 갖춰야 할 조건은 유연성과 근력입니다. 둘 중에 하나라도 충족되지 않으면 이 동작을 제대로 수행할 수 없습니다. 그렇다면 알 라 스꽁드 동작에는 어느 부위의 유연성과 근력이 필요할까요? 다리를 안으로 모으는 모음근(내전근), 즉 '허벅지 안쪽의 근육의 유연성'과 다리를 바깥으로 들어 올리는 벌림근(외전근), 즉 '허벅지 바깥쪽에 위치한 근육들의 근력'이 요구됩니다. 정확히 표현하면 벌림근을 강하게 수축시켜 힘 있게 다리를 바깥쪽으로 차올릴 때 모음근은 반대로 충분히 이완시키는 것입니다. 그렇기에 이 동작을 할 때 허벅지 안쪽 근육을 사용해 높이 차올리거나 들어 올리라는 말은 모순입니다.

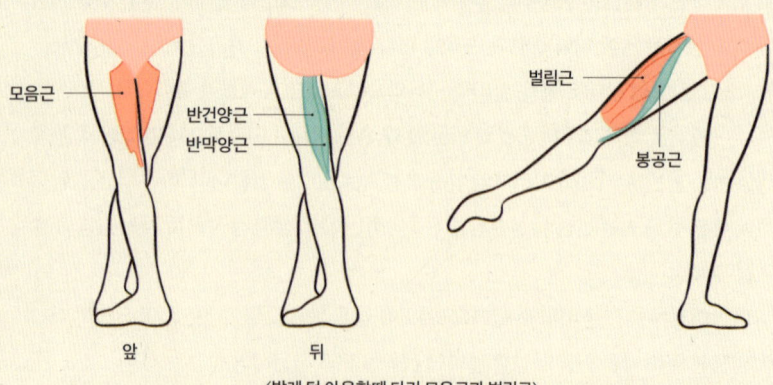

〈발레 턴 아웃할때 다리 모음근과 벌림근〉

근육의 운동은 의외로 매우 간단명료한 이진법에 따라 이루어집니다. 복잡한 문제를 순식간에 처리하는 컴퓨터도 이진법이 기본인 것처럼 우리 몸의 근육 운동 메커니즘 역시 이진법입니다. 근육을 수축시킬 땐 신경을 자극해 강도와 톤과 속도를 강하거나 약하게, 또는 빠르거나 느리게 조절합니다. 하지만 근육을 이완시킬 때 신경은 완전히 오프(off) 상태, 즉 잠시 신경 전원 차단 상태가 되는 거죠.

다리를 차거나 들어 올릴 때 주동근(主動筋, agonistic muscle, 사지 관절을 구부리고 펼 때 그 운동의 주도권을 쥐는 근육군)과 길항근(拮抗筋, antagonistic muscle, 어떤 근육의 작용에 대해 반대되는 작용을 하는 근육)의 관계에서 수축과 이완은 가장 바르고 효율적인 움직임을 위해 정확히 이루어져야 합니다. 근육 운동을 이진법의 논리로 말한다면 수축은 "사용한다", 이완은 "사용하지 않는다"로 표현할 수 있습니다.

발레 수업에서 그랑 바뜨망 쥬떼 알 라 스꽁드나 데블로뻬에서 흔하게 표현되는 "안쪽 근육을 사용해 다리를 들거나 차라"라는 지침은 수정해야 할 필요가 있습니다. 아마도 다리를 들어 올릴 때 안쪽 근육이 부드럽게 이완되면서 근육이 길어지는 감각이나 다리를 찰 때 근육이 강하게 스트레칭되며 느껴지는 감각을 표현한 것이라 짐작됩니다. 이렇듯 용어의 의미를 잘못 이해한 채 동작을 진행하면 몸의 신경 회로가 엉키는 상황이 발생합니다. 신체의 움직임은 뇌에서 받아들여지는 정보를 신경으로 보내는 명령에 의해 이루어집니다. 그렇기에 이 회로는 막힘없이 일치돼야 합니다. 발레 수업에서 사용하기에는 약간 다른 뉘앙스긴 했지만, 언행일치(言行一致)라는 말이 지금 이 순간 필요하겠군요. 특히 초보자가 배울 때는 지침의 영향력이 결과로 바로 적용되기 때문에 정확한 용어 사용은 상당히 중요한 출발점이 됩니다.

센터 워크나 바리에이션에서 안정적이면서도 멋진 동작을 하는 것은 모든 발레인이 바라는 바입니다. 그렇다면 그랑 바뜨망 쥬떼를 바르게 수행하도록 신경 명령 체계를 잘 정리하는 것은 기본 중의 기본이겠죠. 생각보다 우리 몸은 정직합니다. 옳은 지침을 주어야 좋은 방향으로 발전한다는 것을 잊지 마세요.

TIP! 여기서 잠깐!

다리 모음근과 벌림근

일반적인 운동 동작에서 허벅지 모음근(내전근)을 담당하는 근육은 큰모음근, 두덩정강근, 짧은모음근, 긴모음근, 두덩근, 이렇게 다섯 개로 구성됩니다. 그러나 발레를 할 땐 턴 아웃이라는 기전이 작용해서 단순히 기능적 모음근 외에 햄스트링의 반막양근, 반건양근이 함께 사용돼야 합니다. 이처럼 일반 운동과 발레의 동작에서 사용하는 근육이 다릅니다.

마찬가지로 벌림근(외전근)의 경우는 넙다리곧은근, 넙다리네갈래근, 넙다리빗근(봉공근)이 사용되지만 역시 턴 아웃 상태에서는 넙다리빗근을 협력근으로 보다 더 확실하게 사용합니다. 넙다리빗근은 우리 몸 속 근육 중 가장 길이가 긴 근육입니다. 우리가 어떤 동작을 수행할 때 허벅지에서 그 근육의 라인이 보이면 누구나 본능적으로 아름다움을 느끼게 됩니다. 누가 가르쳐주지 않아도 저절로 알게 되는 미학 감지 센서라고 할 수 있죠.

발레를 하면
아픈 게 당연하다?

운동과는 담을 쌓고 살다가 큰맘 먹고 무슨 운동이든 시작하고 나면 며칠 동안 몸살을 앓듯 삭신이 쑤신다. 근력이 거의 없는 사람이 운동을 시작하면 생기는 당연한 현상 중 하나다. 또 어떤 종목이든 비슷한 동작으로 몸을 잘 만들다가도 새로운 동작을 배우게 되면 몸은 또 엄살을 부리게 된다. 그렇다면 제대로 운동하고 근육이 생성되는 과정에서 발생한 통증과 부상을 통해 느끼는 통증은 무엇이 다를까?

예를 들어 발레 바 워크 중에서 한 동작(쁠리에)을 집중해서 수업했다고 가정해보자. 제대로 된 쁠리에를 맛보면 몸이 정말 개운하다. 그러나 처음 쁠리에를 배우면 무용실이 갑자기 군대 연병장으로 보일 것이다. 아무리 새로 장만한 예쁜 레오타드와 샤방샤방 스커트를 입으면 뭐 하나? 여기에서 발레를 하는 내가 발레리나를 꿈꾸는 것인지, 네이비 씰의 지.아이.제인을 지원한 것인지 혼돈에 휩싸인다. 수업을 마친 다음 날, 침대 맡으로 택배 하나가 도착해 있을 것이다. 보낸 이는 '발레 수업', 내용물은 '근육통'이다. 근육통이라는 택배를 받은 날, 걷는 모양도 코미디인데 만약 눈앞에 계단이라도 나타난다면 깊은 한숨이 절로 나온다. 특히 계단을 내려갈 땐 뒤뚱거리는 바람에 꼴이 더 우습다.

그런데 다음 수업 때 이를 악물고 첫 수업에 배달된 근육통을 얹은 채 더 힘든 쁠리에를 마치고 나면 어떨까? 다음 날 눈을 뜨면 엇! 어제 배송된 택배가 반품됐다는 것을 느끼게 된다. 이건 쁠리에에만 국한되지 않는다. 동작을 하나씩 심도 있게 배운 날의 다음 날은 근육통을 각오해야 한다. 심지어 수업 중에도 발바닥이 마치 홍해처럼 갈라지는 듯한 통증을 느끼기도 한다. 그러나 운동으로 인한 올바른 근육통은 다음 운동으로 인해서 봄눈 녹듯이 자연스럽게 해소된다.

이 부분에서 굉장히 조심해야 한다. 몸을 아무렇게나 무리하게 사용할 때도 상당한 근육통이 뒤따르기 때문이다. 이렇게 몸을 잘못 써서 생긴 통증은 배송되었다 바로 반품처리되는 택배처럼 쉽게 사라지지 않는다. 마치 장기여행을 떠나 아무도 없는 집으로 눈치 없는 친구가 깜짝 선물이라면서 아이스팩에 갈비 세트를 한가득 담아 배송시켜놓은 상황과 비슷하다. 택배 기사님은 현관 앞에 물건을 놔두고 가셨다. 긴 여행을 마치고 돌아온 나는 집 앞에서 질척한 육즙이 상자 아래로 흘러나온 택배와 씨름을 해야 한다. 당연히 짜증은 폭발 직전으로 치닫는다. 나에게 베푼 호의가 실로 엄청난 부담으로 바뀌는 비극적인 상황이 펼쳐진다.

이게 운동하며 생긴 통증과 무슨 상관이 있냐고? 제대로 발레를 해서 생기는 통증과 달리 동작 중에 몸을 잘못 써서 생기는 통증은 반드시 부상으로 직결된다(좋은 통증과 나쁜 통증이라고 쉽게 나눠보겠다). 좋은 통증과 나쁜 통증을 어떻게 구별할까?

좋은 통증은 바른 상태의 동작을 여러 차례 반복하면 사라지는 통증이다. 대부분 발레를 한 후 잘 쉬기만 하면 통증이 줄어든다. 물론 쁠리에가 좀 되고, 땅뒤, 롱 드 장브(rond de jambe)를 제대로 한 날에는 마치 뒤쪽 엉덩이 부분에 피하 항생제 주사를 맞아서 생긴 통증처럼 뻐근하게 아픈 것이 느껴지기도 한다. 제대로 풀업을 한 날에는 거북목을 제자리에 놓느라 경추 부위가 아플 수도 있다. 하지만 이런 증상은 바른 동작이 진행될수록 점차 사라진다.

반면 나쁜 통증은 한마디로 표현해 몸이 '싸~'하게 아프다. 내가 어떤 식으로 상세하게 설명을 해도 소용이 없을 것 같다. 이 '싸~'하다는 말이 제일 적당한 표현일 것 같다. 아픈 당사자만이 본능적으로 알 수 있다. 다시 말하지만 부상으로 가는 여러 요인은 집 앞에 방치된 갈비 세트 같은 존재다. 내용물의 상태는 상상도 하기 싫지만, 그대로 놔두면 식품은 당연히 상한다. 부상이라는 원하지 않은 목적지까지 8차선 고속도로에서 질주해야 하는 자동차가 된 상황. 그 시작은 본능적으로 느끼는 '싸~'한 통증이다. 며칠이 지나도 가라앉지 않고, 무슨 동작을 해도 미세하게 방해만 되고, 어딘지 몰라도 콕콕 찌르거나 욱신거리는 느낌이 계속된다면 대충 지나치지 말아야 한다. 확실한 원인을 찾고 바른 치료를 받도록 하자. 반드시 부상 부위가 '완치'된 상태에서 발레를 다시 하기를 권한다.

발레를 하면 당연히 아프다는 것은 잘못된 생각이다. 여기저기 몸이 아프고 부상을 겪는 과정이 훌륭한 무용수로 거듭나기 위한 통과의례라는 말도 위험하다. 나쁜 통증과 부상이 열심히 발레를 한 결과물이자 훈장이라는 피학적인 생각도 버려야 한다. 나는 남은 생애 동안 가당치도 않은 부상을 짊어진 채 재활을 겸해 발레를 해야 하는 운명이 되었다. 그러다 주변을 살펴보니 취미발레인들 중에서도 부상을 간과하는 사람이 많았다. 어디에 염증이 생겼네, 인대가 늘어났네, 힘줄에 무리가 갔네, 어디가 너무 아프네, 라는 말을 달고 사는 사람도 부지기수다. 심지어 병원에 가서 온갖 물리치료와 침술, 주사요법, 충격파 등을 받으면서 다음 날 다시 발레를 했다는 SNS 포스팅을 보면 안타깝기까지 하다. 이건 충격파 시술의 고통보다 더욱 충격적인 상황이다. 과연 그들이 완치 후에 다시 운동을 하는 것일까? 발레를 누구보다 사랑하는 나로서도 하루라도 쉬고 싶지 않은 그 마음을 이해 못 하는 것은 아니다.

그런데 말이다. 그 '싸~'한 통증을 무시하면 안 된다. 여러분의 집 현관 앞에 놓여 있는, 곤죽이 되어버린 갈비 세트는 그 누구도 치워줄 수 없다. 보낸 친구가 원망스러워도 그 호의를 알기에 뭐라 할 수도 없다. 이쯤 되면 눈치챘을 것이다. 여러분에게 통증이라는 택배를 보낸 친구는 발레다. 왜 자신과는 상의도 없이 그런 선물을 보냈냐고 하지 말기를. 발레를 시작한 이상 좋은 통증이든, 나쁜 통증이든 누구에게나 통증은 예고 없이 찾아온다. 그래서 둘을 잘 구분해 몸을 바르게 사용해야 한다. 하긴 올바르게 운동을 한 날 택배를 받았다면 다음 날 거뜬하게 다시 발레를 할 수 있었겠지. 그랬다면 그 발레라는 친구가 얼마나 고마웠을까? 현관 앞에 도착한 최상의 갈비 세트가 애물단지가 되지 않도록 결정하는 것은 자신의 몫이다. 발레를 하다가 어딘가 아프다면 주도면밀하게 자신이 하고 있는 발레의 상태를 점검할 필요가 있다.

한마디로, 발레 하다가 생긴 부상은 훈장이 아니다. 충분히 건강하게 신체를 잘 사용해서 멋있게 발레를 할 수 있는 길을 포기하기에는 당신의 열정이 아깝지 않은가?

발레계 간달프 쌤과
글로 배우는 기초 발레

준비 8강
부위에 따른 부상의 원인과 종류

여기서는 우리가 발레를 할 때 흔히 겪는 부상의 종류와 원인에 관해 설명하려고 합니다. 우리의 열정적인 윤작가는 결국 수술까지 하고 말았군요. 지금이라도 올바른 재활로 건강을 되찾길 진심으로 바랍니다.

요통(back pain)
요통의 원인은 다양합니다. 또 요통의 진단과 치료와 재활의 방법이 각기 다른데도 막연히 허리가 약해서 요통이 발생한다는 통설로 증상을 악화시키는 경우가 흔합니다. 발레 동작을 올바르게 수행하지 않으면 요통을 유발하는 경우가 예상 외로 많습니다.

    그 대표적인 동작 중에 깡브레(cambré)가 있습니다. 특히 백 깡브레(back cambré) 동작을 할 때 복근은 이완시키고 등근육은 수축시키는 것에 대해 오해하는 경우가 많습니다. '발레'라고 하면 유연해야 한다는 강박증이 있어서 허리를 뒤로 활처럼 휘어야 한다고 생각하기 쉽습니다. 대표적으로 잘못 알려진 경우입니다. 보통 열심히 해도 여전히 허리의 유연성이 부족하다고 판단해 단순히 운동범위만 넓히겠다는 의지로 척주세움근을 포함한 등 쪽의 모든 근육을 억지로 수축시켜 허리를 꺾는 데만 집중하는 자세를 취합니다. 이럴 경우 복근은 약화되고 등근육, 특히 척주세움근은 지나치게 강직되어 몸통 앞뒤의 밸런스가 무너집니다. 허리뼈의 과전만(過前彎)으로 인한 척추의 부담을 줄이기 위해 골반을 뒤로 기울이는 자세가 이어져 2차, 3차 문제를 일으킬 수 있습니다.

올바른 교정 방법은 복근을 사용해 마치 무거운 물체를 줄에 매달고 높은 곳에서 서서히 내리듯이 척주를 늘여주는 것입니다. 즉, 복근의 원심성 수축(eccentric contraction)을 통해 배에 힘을 유지한 채 근육의 길이가 길어지는 움직임으로 수행합니다. 단, 이 운동은 팽팽하게 버티는 수축입니다. 올바른 동작을 위해서는 우선 둔근을 수축시켜 앞쪽 엉덩관절의 폄, 즉 골반 자체를 뒤로 기울인 후 둔근에 수축을 유지한 채 순차적으로 복근을 사용해 상체를 뒤로 젖힙니다. 그리고 전체적으로 완만한 곡선을 유지하면서 그 곡선의 각도를 형성해나가도록 합니다.

다시 제자리로 돌아올 때 주의할 점은 둔근의 수축이 풀리지 않게 유지하고 뒤로 넘어가 있는 상체를 복근의 구심성 수축(concentric contraction)을 이용해 끌어올리듯 수행합니다. 만약 둔근에 힘을 주어 동작을 실행하고 뒤로 넘어간 뒤 시험적으로 둔근의 힘을 풀어보면 허리 부분이 순간 과도하게 꺾여서 무리가 오게 됩니다. 이것이 요통의 원인이라는 것이 간단하게 증명됩니다. 이는 근육이 지지해야 할 상체 무게의 부하를 뼈와 뼈를 지지하고 있는 인대가 온전히 다 받치고 있기 때문입니다. 인대가 해야 할 기능의 한계를 넘어서 요통을 유발한 것입니다.

또 다른 대표적 원인 중 하나로, 다리를 뒤로 들어 올리는 동작인 아라베스크가 있습니다. 아라베스크 동작 중 잘못된 방법으로 척주세움근을 사용하면 몸통 앞뒤 근육의 균형을 무너뜨리게 됩니다. 아라베스크 동작에서 먼저 엉덩관절을 늘일 수 있는 둔근, 특히 중둔근을 제일 먼저 수축해 최대 운동범위인 45도까지 다리를 들어 올립니다. 이후 둔근의 수축을 유지한 채로 스탠딩 레그의 햄스트링과 복근의 수축을 유지한 채 앞으로 기울인 골반을 이용해 매끄러운 상체의 커브와 전체적인 균형을 맞춰야 합니다.

엉덩관절 통증

통증의 강도는 매우 다양하게 나뉩니다. 엉덩관절 주변에는 많은 연부 조직이 있습니다. 관절을 싸고 있는 관절낭, 뼈와 뼈의 위치와 운동범위를 제한시키는 인대, 그리고 여러 근육의 말단인 힘줄 등입니다. 각 부위에 따라 비교적 가벼운 힘줄에 염증이 생겨 '건초염'이 발생하거나 엉덩관절을 이루는 골반과 넙다리뼈 인접 부위의 관절 자체의 염증으로 인해 심각하게는 조직의 괴사를 일으키기도 합니다. 엉덩관절 주변의 다양한 조직이 각기 감당해야 하는 기능과 한계점이 있습니다. 이러한 기능과 한계점을 벗어난 동작이 이루어졌을 때 당장 증상이 나타나지는 않아도 점차 스트레스가 쌓여 만성적 부상을 초래하기도 합니다.

특히 다리를 옆으로 차올리는 그랑 바뜨망 쥬떼를 할 때 엉덩관절의 똑깍거리는 느낌과 소리를 간과해서는 안 됩니다. 기차가 놓여 있는 레일을 따라 움직이듯이, 자동차가 곧게 또는 부드럽게 구부러져 있는 도로를 따라 운행하듯이 엉덩관절도 정해져 있는 루트를 따라 움직여야 합니다. 이를 무시하고 잘못 설정된 자세에서 옆으로 무리하게 180도 방향의 바뜨망 쥬떼를 반복하면 관절 조직이 충돌하면서 이격음이 들릴 겁니다. 조만간 나타날 큰 부상을 예고하는 경고음이나 마찬가지죠.

이렇게 통증이 동반되지 않더라도 이격음이 있다면 '준비 1강. 바르게 서기'에서 언급한 대로 신체 전반적인 자세와 서 있는 다리의 상태 및 골반의 위치를 유지해 바뜨망 쥬떼를 하고 있는지 점검하고 동시에 이격음이 나지 않는 방향과 각도를 찾아 동작을 수정하도록 하세요.

햄스트링 부상

햄스트링(hamstring, 인체의 허벅지 뒤쪽 부분의 근육과 힘줄)은 네 가지 근육으로 이루어져 있습니다. 반막모양근(semimembranosus muscle), 반힘줄모양근(semitendinosus muscle), 넙다리두갈래근(대퇴이두근, biceps femoris muscle), 넙다리두갈래근 짧은 근육으로 이루어져 있어요. 지나치게 스트레칭을 하면 넙다리두갈래근에 무리가 가거나 염좌를 입을 수도 있습니다.

하지만 더 심각한 경우는 점프한 후 착지할 때 또는 흔들리는 몸의 균형을 잡으려고 억지로 애를 쓰다 넙다리두갈래근이 파열되는 것입니다. 이는 다리 앞뒤 근육의 이상적인 근력의 비율 3:2(네갈래근: 두갈래근)에 미치지 못하고 비정상적인 비율 9:1 이하의 상태로 동작을 수행하다가 발생하는 부상입니다.

평소에 거의 앉아서 생활하는 현대인에게 두갈래근 약화는 슬픈 숙명과도 같습니다. 한 다리의 앞, 뒤, 안쪽, 바깥쪽을 골고루 사용해 균형을 잡는 식의 이상적인 방법이 아니라 잘못된 방법으로 악순환을 계속하고 있기 때문이죠. 햄스트링 부상을 예방하려면 두갈래근의 스트레칭에만 집중하면 안 됩니다. 특히 두갈래근의 근력 강화를 비롯해 바깥쪽과 앞쪽의 네갈래근뿐만 아니라 안쪽과 뒤쪽의 두갈래근을 균형 있게 사용해 중심을 잡는 자세를 찾도록 노력해야 합니다.

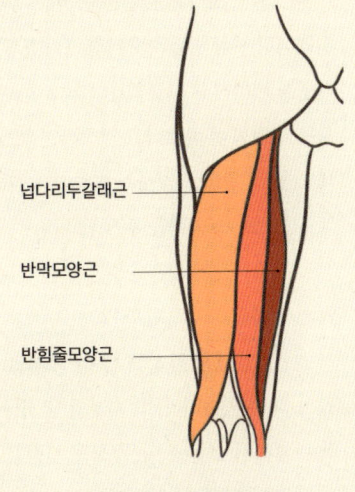

〈햄스트링의 위치〉

무릎의 통증과 부상

무릎의 통증은 발레를 하면서 발생하기 쉬운 대표적인 증상입니다. 원인은 다양하지만 많은 동작 중 앞에서 언급한 잘못된 턴 아웃의 습관으로 통증을 유발하게 됩니다. 그렇기 때문에 현재 자신의 무릎 관절의 상태를 파악하는 것이 중요합니다. 가장 손쉬운 점검 방법으로는 다리를 자연스러운 방향으로 향하게 하고 서 있을 때 무릎뼈와 발끝의 방향이 어느 정도 차이를 보이는지를 살펴보는 것입니다. 이때 평균 정상범위는 15도로, 무릎뼈의 방향보다 발끝이 바깥쪽으로 향해야 합니다. 만약 이보다 더 큰 각도 차이를 보인다면 무릎 관절이 뒤틀린 채 굳어진 것입니다. 마치 문의 경첩이 틀어져 여닫을 때마다 삐거덕거리는 소리를 내다 결국엔 경첩이 닳아 망가지는 것과 같습니다.

잘못 고착된 관절은 반월상 내측 연골판, 전방 십자인대, 또는 드물게는 후방 십자인대의 부상을 불러오기 쉽습니다. 인체의 신경 체계는 관절 사이 접점에서 형성되는 각도를 기억하고 그것의 움직임에 대한 명령을 내립니다. 즉, 실질적으로 뒤틀려 있는 잘못된 방향을 바르다고 인식하면 해당 조직에 나쁜 영향을 주게 된다는 것을 잊지 마세요. 우리 몸의 신경계가 신체의 각 부분에 잘못된 정보를 보내면 결과적으로 우리 몸에도 고스란히 영향을 주게 됩니다.

올바르게 교정하려면 우선, 양발을 골반의 넓이만큼 나란히 벌리고 섭니다. 바닥에서 발이 미끄러지지 않게 고정을 하고 무릎의 방향이 발끝의 방향과 일치할 때까지 엉덩관절에서 강하게 턴 아웃을 합니다. 어떤 사람은 이것만으로도 무릎에서 통증을 느낄 수 있습니다. 그 자세를 유지한 채 엉덩관절, 무릎, 발목을 일정한 비율로 동시에 구부려서 스쿼트(squat) 동작을 시행합니다. 이때 무릎이 서로 붙거나 멀어지지 않게 서로 동일한 간격을 유지하면서 주의 깊게 동작을 수행해야 합니다.

지금 하는 동작에서 느끼는 신체의 모든 느낌을 '올바른 위치에서 하는 동작의 느낌'이라고 굳게 믿고 모든 자세를 리셋하는 마음으로 매일 반복하는 것이 중요합니다. 어쩌면 이때도 무릎이 뒤틀리는 듯한 통증을 느낄 수 있습니다. 지금 부자연스럽게 느끼는 것은 장시간 동안 뒤틀린 무릎을 정상적인 방향으로 되돌리려는 시도 때문이니 걱정하지 말고 시행하도록 합니다. 이렇게 노력한다면 우리의 소뇌가 새로운 조건을 받아들여 새로운 재설정에 성공하고 변형된 관절을 복원시킬 수 있습니다.

아킬레스 건초염

아킬레스건은 종아리 부분의 후면 근육들이 모여 뒤꿈치뼈에 붙어 있는 신체 중 가장 굵은 힘줄입니다. 간혹 아침에 일어나자마자 발걸음을 떼기 힘들 정도로 힘줄이 당겨지는 느낌을 받은 적이 있나요? 그것이 바로 아킬레스 건초염의 증상입니다. 안쪽, 바깥쪽, 뒤쪽의 특정 부위에서 특히 강하게 찌릿한 통증을 느끼기도 합니다. 통증은 일시적일 수도 있고 하루나 며칠 또는 장기적으로 계속되기도 하죠.

건초염은 발레를 할 때 상당히 신경 쓰이는 증상입니다. 포인트를 하거나 뽈리에, 드미 포인트로 설 때도 통증으로 인해 제대로 동작을 수행할 수 없을 정도입니다. 건초염 초기의 응급대처법이 무엇이냐고요? 얼음팩 등을 이용한 냉찜질은 그나마 낫습니다. 섣부른 온찜질은 불난 곳에 휘발유를 끼얹듯 염증을 가중하는 것이니 주의해야 합니다.

종아리 근육의 말단인 아킬레스건은 몸에서 가장 굵은 힘줄에 해당합니다. 일반 근육은 탄력이 있고 부드럽고, 조직의 이상에 따른 통증이 오래 지속되지 않습니다. 하지만 힘줄은 탄력이 없고 단단하며, 약간의 비정상적인 텐션에도 쉽게 통증을 유발합니다. 물론 건 자체 조직에 경미한 파열 등의 이상이 있어 통증이 있을 수 있지만, 대개 초기의 증상들은 종아리 근육의 지나친 경직으로부터 발현됩니다. 힘줄의 안쪽, 바깥쪽 또는 뒤쪽의 통증을 체크해 특정 방향에서 통증이 느껴진다면 그 결을 따라 올라가면서 종아리 근육을 자극해봅니다. 이 방법대로 검진해보면 해당 부위 어딘가에서 경직된 종아리 근육이 느껴질 것입니다. 그 지점이 발통점(trigger point)입니다. 발통점을 찾았다면 적극적인 처치를 해야 합니다. 약간의 통증을 느낄 정도의 세기로 근육의 결 방향으로 마사지해 근막을 풀어주는 것이 가장 쉬운 방법입니다. 초기 증상이라면 이 방법만으로도 충분히 호전될 수 있습니다.

TIP! 여기서 잠깐!

유난히 종아리가 자주 뭉치고 경직되며 발이 붓고 하체의 근육이 전반적으로 퍽퍽하다는 느낌이 든다면 단순히 해당 부위를 신경 쓰는 것 외에 다른 점검도 필요합니다. 요통을 유발하는 원인은 다양하고 이후에 나타나는 증상들이 비슷합니다. 즉, 허리뼈 부위와 골반 사이의 엉치뼈(천골, sacrum) 주변 연부 조직들의 경직으로 인해 또는 디스크의 신경 압박이나 신경이 지나가는 추간공 협착으로 인한 신경 압박 등이 요통 자체의 원인이 되기도 합니다. 눌린 신경 압박에 의해 해당 부위의 말단 신경이 도달하는 부위의 이상 증상으로 근육 경직과 방사통이 유발됩니다. 그뿐만 아니라 요추 부위의 경직된 연부 조직으로 인해 하지로 오르내리는 혈관이 압박을 받아 혈액순환이 원활하지 못해 하체 근육의 팽만감이 생기기도 합니다. 심하게 뭉쳐 있는 근육을 직접적으로 마사지해도 풀리지 않다가도 허리 근육을 풀어줌으로써 마치 막혔던 호스가 뚫리듯이 혈액이 순환되면서 뭉쳤던 하지의 근육이 쉽게 풀리기도 합니다. 사고에 의한 부상이 아닌 이상 일차원적인 조치 이전에 근본 원인을 찾는 것이 상당히 중요합니다.

무지외반증

엄지발가락이 휘어 꺾어져 굽은 증상으로 인해 적잖은 통증을 유발하는 무지외반증(hallux valgus)은 발레를 하는 사람에게만 발생하는 증상이 아닙니다. 앞이 좁은 구두나 하이힐, 또는 토슈즈가 원인이 될 수 있다고 하는데, 이는 잘못된 통설입니다. 토슈즈를 많이 신는 프로 무용수 중에도 변형 없이 깔끔한 발을 가진 사람이 있는 반면, 평생 볼 넓은 신발을 신고 살아온 노인이 심한 무지외반 증상을 겪는 경우도 있습니다. 이것은 단순히 물리적 자극이나 압박에 의해 엄지발가락이 꺾이면서 생기는 질환이 아니라는 반증입니다. 발바닥에는 생각보다 많은 근육이 있습니다. 발바닥 근육군은 충분한 근력을 갖추고 일정한 수축 상태를 유지함으로써 몸의 균형을 잡고 중심을 유지하는 역할을 합니다.

우리의 발은 정상적인 아치의 형태를 갖춰야 합니다. 흔히 발의 아치라고 하면 앞과 뒤를 가로지르는 중간 부분이 움푹 들어간 아치를 떠올리는데, 이것은 세로 아치(longitudinal arch)에 해당합니다. 발의 가로 방향의 아치인 가로 아치(transverse arch)도 존재합니다. 발의 아치는 가로, 세로로 위치한 근육이 일정한 수축 상태를 유지함으로써 형성되는 형태이며, 정상적인 아치는 기능을 최적화합니다.

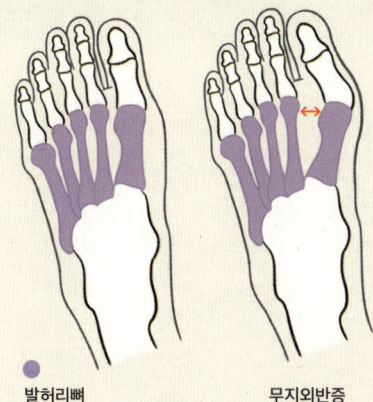

발허리뼈
(중족골, metatarsal bones)

무지외반증
(hallux valgus)

반대로 이 근육의 수축 능력이 약화돼 제1발허리뼈와 제5발허리뼈를 잇는 근육이 일정한 텐션 상태를 유지하지 못해서 제1발허리뼈가 벌어지고 발가락뼈가 다시 안으로 꺾임으로써 두 뼈의 관절이 발의 내측으로 튀어 올라오는 증상이 무지외반증입니다. 심할 경우 제5발허리뼈인 새끼발가락에서도 같은 증상이 일어납니다. 유난히 발바닥에 티눈이나 굳은살이 잘 생기는 사람은 제2발허리뼈 끝이 내려앉은 경우일 수 있습니다. 만약 그런 경우라면 발바닥 사용에 좀 더 신중을 기해야 합니다. 결국 족저근막염은 발바닥근의 주요 기능인 중심을 잡고 유지하기 위한 컨트롤 능력을 평소에 적극적으로 수행하지 않음으로써 나타나는 질환입니다. 이 증상의 치료를 위한 기본이자 첫 단계는 몸을 바로 세우고 발바닥의 기능을 최대한 끌어올려서 발바닥근을 최대치로 활성화하는 것입니다. 평소 바르게 서고 걷는 훈련만으로도 충분히 호전될 수 있습니다.

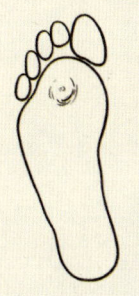

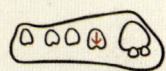

발바닥에 티눈이나 굳은살이 잘 생기는 사람은 제2발허리뼈 끝이 내려앉은 경우일 수 있다.

〈잘못된 보행 습관으로 생기기 쉬운 티눈 부위〉

부상 이후
심리적 침체기

중년 부인이 젊은이의 마음으로 잠시 빙의하고자 한다. 사랑에 빠진 연인과 미래를 약속하고 핑크빛 앞날을 계획하고 있다. 결혼까지 생각하는 경우도 있고, 결혼 후 자녀를 계획할 수도 있다. 결혼을 하지 않더라도 사랑이 식지 않는 커플 관계를 꿈꿀 수도 있다. 그런 핑크빛 기류의 중심에는 상대에 대한 신뢰가 존재한다. 상대도 나와 같은 마음일 것이라는 기대와 믿음이 투철하다. 그런데 갑자기 상대가 나에게 이별을 통보한다. 나는 아무런 준비가 되어 있지 않다. 지금까지 잘 지내왔다고 생각했는데 나에게 아픔을 가득 안기며 이별을 고한다. 내가 꿈꾸던 핑크빛 미래는 아무런 의미가 없었던 것이었을까?

발레를 하다가 생긴 부상은 전적으로 이러한 신뢰가 무너진 것과 닮았다. 내가 사랑하는 발레라는 존재에 신뢰감을 느끼고 있었는데 부상이 닥치면 내 의지와 상관없이 발레와 이별을 해야 한다. 사랑하는 사람과의 예고 없는 이별에서 겪는 아픔을 참아내는 것과 비슷하다. 내 경우 부상과 수술, 재활이라는 과정보다 더욱더 힘들었던 것은 부상으로 인해서 발레를 못 하게 된 상황이었다. 나는 여전히 발레가 좋고 여전히 발레를 하고 싶은데 부상으로 인해 억지로 발레와 떨어져야 했다. 그렇다고 시름만 안고 마냥 몸을 놓아두기에는 재활이라는 커다란 벽이 놓여 있었다. 발레를 하지 못하더라도 정상적인 신체 활동을 위해서 재활 운동은 반드시 거쳐야 할 관문이었다. 그런데 이런 모든 것을 감내하기에 내 심리적 상태는 상당히 피폐해져 있었다.

이때 나를 다시금 잡아준 운동은 스트레칭과 근력 운동이었다. 발레를 하는 사람들은 누구나 두 가지 운동이 중요하다는 것을 알고 있다. 유연성 강화를 위해서는 스트레칭이 필요하다. 또한 제대로 된 동작을 수행하기 위해서 코어의 복근을 비롯한 햄스트링, 아킬레스, 등근육 강화 운동은 필수다.

재활 운동을 하면서 그동안 몰랐던 사실을 하나 알게 됐다. 그동안 발레를 하면서 유연성을 기르려면 스트레칭, 근력을 기르려면 근력 운동 식으로 이분화해서 생각했다. 유연성을 기르기 위해서 스플릿, 사이드 스플릿 등으로 스트레칭 능력을 기르고, 코어 근력 강화를 위해서 상복근, 하복근, 플랭크 등으로 운동을 해왔었다. 물론 이것도 맞는 방법이다. 그러나 '스트레칭 = 사이드 스플릿 = 유연성 증진'이라는 공식에 대한 편견에 대해 이야기하고 싶다.

흔히 발레라고 하면 유연성이 우선시돼야 한다고 생각한다. 또 유연성을 기르기 위해 죽기 살기로 앞뒤로 찢든, 옆으로 찢든, 개구리로 찢든, 블록이나 의자를 놓고 더 높이, 더 길게, 더 집요하게 찢는 방법 등을 만들어낸다. 그런데 안타깝게도 대부분의 발레인이 꿈꾸는 죽기 살기 식의 찢기 스트레칭은 다양한 스트레칭 운동 방법 중 하나에 불과하다. 그것도 가장 기본적이고 효과가 미약하며 운동범위 이후에는 오히려 근수축이 발생하는 스태틱 스트레칭(static stretching)에 속한다. 나는 이 사실을 알고 나서 큰 충격을 받았다. 내가 발레 클래스를 하기 전에 일상적으로 시도했던 방법이 도구나 중력 등을 이용해 가장 덜 적극적으로 스트레칭하는 것이었기 때문이다. 이에 대한 자세한 방법은 발레계 간달프 쌤께서 아주 자세하게 설명해주실 것이다.

복근 운동도 마찬가지다. 흔히 상체의 어깨뼈까지 세워서 실시하는 상복근 자극 윗몸일으키기와 똑바로 누워서 다리를 올렸다 땅에 닿을 듯 말 듯 고통스럽게 내리는 레그 라이즈드 업인 하복근 자극 운동, 이렇게 두 가지로 나뉜다. 물론 이런 운동들은 전혀 하지 않는 것보다 훨씬 나은 효과를 준다.

그런데 지금 언급한 두 가지 운동만으로는 인간의 모든 복근을 강화하기에는 역부족이다. 인체의 복근은 배곧은근(복직근), 배가로근(복횡근), 배속빗근(내복사근), 배바깥빗근(외복사근)으로 이루어져 있다. 흔히 윗몸일으키기는 배곧은근에 도움을 준다. 하지만 흔히 실시하는 상복근 운동은 엉덩관절의 굽힘근육을 강화하는 운동이라고 보면 된다. 이 동작에서 배곧은근은 엉덩관절 굽힘근육 운동 기능을 위해서 버텨주는 정도다. 즉,

이 동작의 주동근은 배곧은근이 아니라 엉덩관절 굽힘근육이다. 적극적인 근장성 운동이 아니라 상체를 고정하기 위한 근속성 운동에 가깝다고 볼 수 있다.

운동을 전혀 하지 않는 것보다는 어떤 방식으로든 운동을 하는 것이 낫다. 그러나 동일한 시간과 노력을 투자한다면 효율성이 좋은 방법을 선택해야 한다. 힘들게 운동하면서 한쪽으로만 치우친 강화 훈련을 한다거나, 내가 하는 운동이 메인 요리가 아니라 디저트 메뉴였다면 다시 생각해볼 문제다. 그리고 뒤이어 발레 동작으로 인해 몸에 무리가 간다면 과연 바람직하다고 할 수 있을까?

내가 수술 후 재활 운동을 시작할 때 유연성과 근력 간 밸런스에 대해 지적받았던 부분이 바로 이것이었다. 운동은 원래 종목을 불문하고 단순히 즐거움을 추구하는 정도라면 그리 어렵지 않다. 하지만 결과를 만들어내는 효율과 부상 없는 신체 기능의 극대화를 꿈꾼다면 이야기가 달라진다. 발레를 하기 전에 무턱대고 열심히 하는 워밍업 운동. 과연 잘하고 있는지 점검할 필요가 있다.

썸을 타다가 드디어 연인이 된 커플이 있다. 사랑하는 연인에게 정성을 듬뿍 담은 도시락을 준비할 기회가 찾아왔다. 싱싱한 온갖 해산물을 준비해서 찌고, 볶고, 면을 삶아서 야심 차게 해산물 오일 콜드 파스타를 만들었다. 모양도 근사하다. 입맛을 돋우기 더없이 좋은 메뉴다. 기대에 부푼 연인이 한껏 들뜬 마음으로 도시락 뚜껑을 연다. 그러나 얼굴색이 변하며 당황한 기색이 역력하다.

"왜? 파스타 안 좋아해?"

"아니…, 좋아해."

"그런데… 왜?"

"아. 미안. 나 해산물 알레르기 있어. 특히 새우랑 조개."

정말 눈물 없이는 볼 수 없는 장면이다. 준비한 사람도 당혹스럽지만 미안해하는 상대의 얼굴을 보니 괜히 더 민망하다. 호의를 가지고 한 행동이 어처구니없는 비극적 결과를 낳게 되면, 주는 이나 받는 이나 난처하기는 매한가지다. 물론 이런 것 때문에 상대와 당장 헤어지는 법은 없다. 그러나 상대의 취향이나 호불호를 무시한 채 내 마음대로 상대를 움직이려 한다면 그 관계는 지속하기 어렵다.

취미로 하는 발레이니까 즐거움이 우선인 것은 맞다. 그래도 몸을 움직이는 취미인 이상 몸에 대한 깊은 이해와 학습 없이 함부로 접근해서는 안 된다. 몸을 다치면 심리적으로 엄청나게 위축된다. 그럴 때일수록 몸에 대해서 더욱 제대로 알고 나에게 필요한 체력 향상을 위해서 꼼꼼하게 운동해야 한다. 하나를 하더라도 제대로, 최소한의 시간을 투자하더라도 최대의 효율을 기대해야 한다. 무리하게 계속해온 스트레칭과 근력 운동을 다시금 재정비할 시간이다. 올바른 방법으로 꾸준한 기본 운동을 병행하면 부상으로 인해 겪는 당신의 심리적 침체기도 분명 극복할 수 있다.

발레계 간달프 쌤과
글로 배우는 기초 발레

9

준비 9강

올바른 발레 스트레칭, 알고 움직이자

부상 이후 재활 운동으로는 올바른 스트레칭을 권장합니다. 윤작가도 부상과 더불어 수술 과정을 겪으면서 심리적으로 상당히 위축된 것 같네요. 기존에 적용했던 무조건적인 늘이기가 스트레칭의 전부가 아니라는 것도 깨닫게 됐고요.

그렇다면 발레에서 스트레칭을 하는 궁극적인 목적은 무엇일까요? 스트레칭을 넓은 범주의 의미로 정의한다면 '신체의 모든 관절이 가지는 이상적인 운동범위를 찾기 위한 노력'이라고 할 수 있습니다. 스트레칭을 단순히 신체의 유연성을 높이기 위한 동작이라고 제한하면 안 됩니다. 오히려 정적인 스트레칭은 동작 이후 근육을 수축시키기 때문에 다양한 스트레칭 종류를 파악하고 상황에 맞는 적절한 방법을 사용해보도록 합니다.

스트레칭은 크게 패시브 스트레칭(수동적 스트레칭, passive stretching)과 액티브 스트레칭(능동적 스트레칭, active stretching)으로 나뉠 수 있습니다. 두 스트레칭의 차이를 비교해보고, 발레의 바른 동작 구현과 발전을 위해서 우리가 중점을 둬야 할 점을 알아봅시다.

패시브 스트레칭

패시브 스트레칭은 수동적인 스트레칭을 뜻합니다. 가장 대표적인 것은 스태틱 스트레칭(정적 스트레칭, static stretching)입니다. 일반적으로 '스트레칭' 하면 떠오르는, 느리고 일정한 속도로 수행하는 방법입니다.

흔히 발레에서 바에 다리를 올리는 림바링, 개구리 밟기, 사이드 스플릿 등이나 사이드 스플릿 상태로 무아지경에 빠져 마냥 엎드려 있기, 또는 무의식적으로 바에 의존한 채 실시하는 바 워크 역시 스태틱 스트레칭에 해당됩니다. 약 15초에서 30초 정도 근육을 최대로 늘인 상태로 자세를 유지하며, 다이내믹 스트레칭보다 훨씬 안전한 방법입니다.

그런데 최근 연구에서 운동 전에 집중적으로 스태틱 스트레칭을 하면 수행력에 부정적인 영향을 주고 부상 예방에도 도움이 되지 않는다는 결과가 밝혀졌습니다. 이런 정적인 스트레칭은 수행 부위의 근수축으로 인한 텐션이 발생하기 때문에 이 방법만으로 스트레칭하는 것은 자제해야 합니다. 또한 스태틱 스트레칭만으로는 관절의 운동범위를 넓힐 수 있는 액티브한 근육 수축 능력 향상에 도움을 주지 않습니다. 따라서 도구나 무게를 이용해서 마냥 늘이거나 누르는 스트레칭은 하지 말아야 합니다. 물론 관절의 운동범위를 넓히기 위해서는 패시브 스트레칭도 필요합니다. 하지만 발레를 잘하기 위해서 그냥 찢고 늘이는 스트레칭보다는 좀 더 다양하고 효율적인 방법으로 접근해보는 게 어떨까요? 다음에 언급할 액티브 스트레칭과 적절히 섞어서 시도하는 것이 좋을 듯하네요.

액티브 스트레칭

액티브 스트레칭은 능동적인 스트레칭입니다. 가장 대표적 스트레칭은 다이내믹 스트레칭(동적 스트레칭, dynamic stretching)으로, 이는 주동근과 길항근의 적극적인 상호작용을 이용한 스트레칭입니다. 주로 움직이면서 수행하는 스트레칭을 말합니다.

물론 발레 클래스에서 수행하는 다양한 움직임에서도 다이내믹 스트레칭을 이용할 수 있습니다. 바 워크 중 땅뒤, 데가제, 깡브레 등의 동작에서 정확한 방법과 방향으로 실시하면 다이내믹 스트레칭 효과를 볼 수 있습니다. 간단한 예로 다리를 앞으로 드는 간단한 동작에서도 '넙다리네갈래근 - 햄스트링'이 '주동근 - 길항근' 세트로 움직입니다. 하나가 주동근이 되면 나머지는 길항근이 되고, 반대 경우도 마찬가지죠. 다이내믹 스트레칭은 움직임 중에 이루어지기 때문에 바 워크를 할 때도 뼈의 바른 위치와 근육의 사용 방향을 잘 숙지하고 예민하게 수행해야 합니다.

데블로뻬 동작을 연상해봅시다. 다리를 잡고 늘이는 부분은 스태틱 스트레칭이지만, 자신의 한계점을 넘어서 손을 놓고 그 높이를 유지하는 순간부터는 다이내믹 스트레칭으로 전환됩니다. 이처럼 여러 가지 발레 동작 안에서도 다이내믹 스트레칭을 적용할 수 있습니다.

그렇다면 바 워크 중 가장 빠르고 다이내믹하게 이루어지는 그랑 바뜨망 쥬떼는 어떤 스트레칭일까요? 움직임이 격렬하다고 그냥 다이내믹 스트레칭의 범주에 넣어서는 안 됩니다. 그랑 바뜨망 쥬떼는 동작 직전 반동이 있기 때문에 다이내믹 스트레칭과 발리스틱 스트레칭(ballistic stretching, 탄성, 반동을 이용한 스트레칭)의 합성 동작이라고 봐야 합니다. 발레의 바 워크에서 왜 그랑 바뜨망 쥬떼가 가장 마지막 순서로 들어가는지 이해가 되시죠? 충분히 워밍업을 한 후에 수행해야 부상을 유발하지 않기 때문입니다. 효율성이 높은 발리스틱 스트레칭과 다이내믹 스트레칭을 바란다면 워밍업은 필수 불가결한 조건입니다. 다이내믹 스트레칭의 특징은 운동이나 스포츠의 준비 과정이나 일상생활에서 적절히 사용할 수 있지만, 스태틱 스트레칭에 비해 균형 감각과 신체 여러 부위의 협응력을 조절하는 능력을 갖추고 있어야 합니다.

그렇다면 효과적인 스트레칭을 한 가지 더 소개하고자 합니다. 고유감각 신경근 촉진(PNF; proprioceptive neuromuscular facilitation) 방법이 있습니다. 고유감각기를 자극해 신경근육계의 반응을 높이는 방법입니다. PNF를 자세히 설명하려면 근방추(muscle spindle)와 골지힘줄기관(golgi tendon organ)에 대한 언급을 해야 하는데 너무 어려워서 여러분이 책을 덮을까 봐 염려가 되네요. 우선 발레 동작과 연관 지어서 간단히 설명하겠습니다. 예를 들어 보통 림바링을 할 때 한쪽 다리를 바 위에 앞으로 올리고 상체를 천천히 접어서 다리 쪽에 닿게 하는 방법을 많이 사용하시죠? 이런 식으로 힘을 빼고 림바링을 하면 전형적인 스태틱 스트레칭에 해당됩니다. 똑같은 자세에서 상체를 접지 않고, 서 있는 다리에 힘을 주고, 올린 다리의 중둔근에 집중해 다리를 아래 방향 바를 향해 지그시 10여 초 눌러주세요. 그러면 오히려 올린 다리의 햄스트링이 강하게 자극이 되면서 스트레칭 효과를 높일 수 있습니다. 그다음 다시 상체를 접어주고 나서 다시 폅니다. 이번에는 다리를 올린 채로 힘을 주면서 넙다리네갈래근 앞쪽을 지나가는 두덩정강근(박근)에 집중합니다.

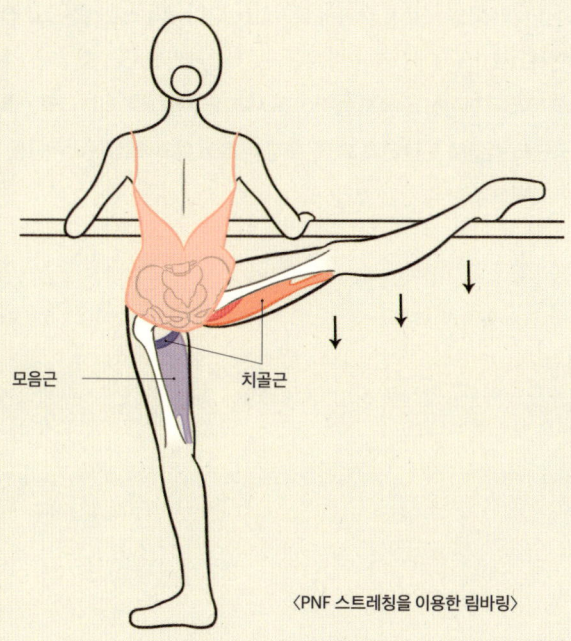

〈PNF 스트레칭을 이용한 림바링〉

지금껏 수행해온 림바링이 스태틱 스트레칭이었다면, 지금처럼 동작에 따른 근육의 힘주기를 달리하면 같은 림바링이어도 PNF 스트레칭으로 전환됩니다. 유연성을 높인다고 막연히 힘을 빼면서 몸을 늘이는 스트레칭만 고집하지 말고 구체적이고 다양한 방법을 습득하길 바랍니다.

스트레칭 하나를 하더라도 근육의 구조와 결을 제대로 알아야 합니다. 발레를 하는 사람이라면 누구나 로망으로 삼고 있는 이상적인 턴 아웃을 할 때에도 근육의 능률을 높이는 다이내믹 스트레칭을 적극적으로 활용해야 합니다. 유연성이 좋아야 턴 아웃도 잘 된다는 공식은 잘못된 것입니다. 유연성이 어느 정도 있는 사람이라면 림바링을 할 때 바에 다리를 올리는 게 어렵지 않지만, 실제로 바 없이 그 각도까지 다리를 들어서 유지하는 것은 무척 어렵다는 것을 알고 있습니다. 그렇다면 턴 아웃도 마냥 늘이는 개념이 아니라 몸을 바르게 잡아서 유지하는 다이내믹 스트레칭으로 접근해야 하는 것은 당연하고요.

발레 동작은 안정성과 유지 능력이 동시에 요구됩니다. 다이내믹 스트레칭으로 훈련하면 궁극의 레벨에 도달하게 되고, 그때 비로소 몸의 최소 에너지만을 사용해 가장 안정적인 자세를 취할 수 있을 것입니다.

깨진 몸의 밸런스는
어떻게 극복할 것인가?

진퇴양난(進退兩難): 나아갈 수도 없고 물러설 수도 없음

설상가상(雪上加霜): 눈 위에 서리가 덮인 형국

하…, 두 고사성어만 보더라도 심연의 답답함이 마음 한구석을 짓누르지 않는가? 정말이지 뭔가를 속 시원히 뻥 뚫어 해결하고 싶은데 발목은 이미 늪에 빠져서 허우적거리고, 정글을 헤쳐나가야 하는데 내 앞을 가로막은 가시덤불이 사정없이 생채기를 내는 상황이다.

  부상을 입었지만 그래도 수술은 잘되었으니 재활만 잘하면 괜찮을 것이라고 스스로를 위안했다. 집중적으로 재활 치료와 운동을 한 덕에 일상생활을 하는 데는 '전혀' 불편함이 없었다. 달리기도 가능하고, 계단을 씩씩하게 오르내리고, 먼 길을 걷는 데도 어려움이 없었다. 그런데 딱 한 가지! 나만 알고 있는 불편함이 있었다.

나는 수술 당시 자가건을 사용해서 파열된 인대를 재생성하는 수술법(ACLR; anterior cruciate ligament reconstruction)을 선택했다. 수술 기록지를 살펴보니 넓적다리(대퇴부)에 위치한 반건양근(semitendinosus)과 두덩정강근(박근, glacilis)을 일부 채취해 수술을 시행했다. 근육은 손톱, 발톱, 도마뱀 꼬리처럼 자르면 다시 자라나는 것이 아니기에 내 왼쪽 다리의 근육과 힘줄의 일부는 소실되었다는 것을 의미한다. 재활 치료와 운동을 하면서 몸에 대해 계속 공부해보니 내 상황이 꽤 심각한 것임을 알게 됐다. 비록 두 힘줄의 일부를 잃었다는 사실이 내 일상생활에는 크게 지장을 주지 않았을지라도, 발레를 하면서 끊임없는 딜레마에 빠지게 만들었다.

자세한 예로 상황 설명을 해보겠다. 오른쪽 다리가 워킹 레그가 될 때는 수술한 왼쪽 다리에 제대로 된 무게중심이 실리지 않았다. 나아가서 몸을 컨트롤하고 지지해야 하는 스탠딩 레그로서의 역할을 할 수 없었다. 더군다나 오른쪽 다리를 뒤로 들고 를르베 업 상태에서 아라베스크를 해야 하는 동작에서는 소실된 힘줄의 영향으로 를르베 업 → 쁠리에 → 빠드 부레(pas de bourrée) 같은 동작은 매끄럽게 연결되지 않았다. 그럼 반대 방향 동작을 수행할 땐 어땠을까? 그나마 멀쩡한 오른쪽 다리를 사용해 제대로 지지한 스탠딩을 했다고 치자. 왼쪽 다리를 알 라 스꽁드 방향으로 들었다가 아름답게 하이 빠쎄(passé) 동작을 해야 하는데, 반건양근과 두덩정강근 일부가 소실된 내 다리는 힘없이 제대로 구부러지지 않았다. 아무리 발끝을 오른쪽 다리에 붙이려고 해도 자력이 없는 물체를 쇠에다 억지로 붙이는 형상이었다.

여기서 내가 어떤 동작을 어떻게 했고 어디서 안됐는지 이해하는 것은 크게 중요하지 않다. 무엇보다 신체는 양쪽 밸런스가 조화로워야 한다. 어떤 식으로든 몸의 일부에 부상이나 통증이 유발되면 그 지점에서 끝나지 않는다. 아픈 쪽은 제대로 힘을 쓸 수가 없기 때문에 상대적으로 반대쪽 몸에 더 많은 힘이 가해진다. 그러다 보면 몸의 중심축이 묘하게 틀어지며 척추 측만이나 어깨 올림 같은 증상이 나타난다. 쉽게 말하면 아픈 쪽 부위 때문에 멀쩡한 반대쪽에 그만큼의 무리가 가해진다. 실제로 내 경우 수술한 왼쪽 무릎의 십자인대로 인해 왼쪽 넓적다리 햄스트링은 제대로 작동되지 않고, 오히려 오른쪽 햄스트링은 극도로 긴장해서 수축되어 있는 상태였다. 그 결과 수술한 왼쪽 다리 대부분의 근력은 저질 상태로 떨어져 있었고, 정상인 오른쪽 다리는 근력이 강화되기는커녕 근수축과 긴장 상태에 놓여 있었다.

내가 현재 재활하는 방법은 몸에 대한 기대치를 영점에 맞추고 하나씩 다시 시작하는 것이다. 부상 이후 양쪽을 똑같은 방법, 똑같은 횟수로 운동하는 것은 권장하지 않는다. 근수축이 일어난 부위는 주도면밀하게 자가근막이완(SMR; self-myofascial release) 같은 방법으로 긴장을 풀어준다. 반대로 근력이 현저하게 제 기능을 못하는 부위는 집중적으로 강화 운동을 해주어야 한다.

여기까지 읽다 보면 이미 눈치챘을 것이다. 발레를 배우며 마냥 춤을 추는 즐거움에 취한 나머지 몸 상태에 대한 객관적 판단력을 상실하면 안 된다. 꼭 나처럼 '반드시 부상이 발생할 거야'라는 저주의 말은 하지 않겠다. 그러나 이왕 건강과 즐거움을 위해서 발레를 선택했다면 몸을 건강한 상태로 유지해야 한다. 어느 한쪽은 잘되고, 어느 한쪽은 안된다면 문제가 있는 것이다. 만약 몸의 근력, 유연성, 대칭을 이루는 힘, 동작에서의 호흡 타이밍 등의 밸런스가 조화롭게 이루어지지 않는다면 냉철하게 자신의 몸을 분석할 필요가 있다.

일방적인 동작으로 어느 한쪽만 혹사하고, 여전히 '아…, 이건 한쪽만 잘되고, 반대쪽은 안되지만 꾸준히 하다 보면 언젠가 될 거야'라는 잘못된 정보를 신경계에 전달하지 말기를. 언젠가, 어쩌다, 우연히, 오늘은 몸 상태가 좋아서, 운이 좋아서, 얻어 걸려서라는 두루뭉술한 표현은 발레를 처음 만난 순간에만 떠올리길 바란다. 현실을 직시하지 않고, 올바른 방법에 대해 고민하지 않으면 내 몸의 밸런스는 상하좌우가 모두 무너져 결코 저절로 올바른 상태로 되돌아오지 않는다.

발레계 간달프 쌤과
글로 배우는 기초 발레

10

준비 10강

클로즈드 키네틱 체인 엑서사이즈

윤작가가 확실히 처음과는 다른 관점으로 발레를 바라보는군요. 부상이 발생하고 수술까지 한 상황은 상당히 유감이지만, 그래도 몸을 바르게 사용하는 법에 대해서 깊이 고민을 하게 돼서 한편으로는 다행이라고 생각합니다. 능률적으로 재활 운동을 마치고 더욱 건강하고 행복하게 발레를 했으면 하는 바람도 생기네요.

오픈 키네틱 체인 vs 클로즈드 키네틱 체인
이번에는 우리 몸을 이상적으로 사용하기 위한 근본적 이론에 대해 알아보고자 합니다. 사슬 운동이라는 시스템에 대해 부연 설명을 시작해보겠습니다. 신체는 전체적으로 연결되어 있습니다. 밸런스가 무너지거나 통증, 부상이 발생하면 신체 자체적으로 보호 기제를 통해 보상작용을 일으키죠. 윤작가가 부상 이후 느낀 부분과 아주 유사합니다. 한쪽 근력이 약하니 다른 쪽에서는 보상작용으로 근수축과 스트레스가 발생했습니다. 그렇기 때문에 몸에서 반응하는 작은 부상도 우습게 여길 수 없습니다.

우리의 몸은 마치 쇠사슬처럼 견고하면서도 일정 허용 범위 내에서 자유롭게 움직일 수 있는 구조로 되어 있습니다. 신체 전체를 이루는 각 부위들은 유동적인 관절들로 완벽하게 결합하고 있습니다. 어떤 동작이든 신체의 여러 부위가 서로 상호의존적으로 연결되어 협업을 이룹니다. 그래서 각 부위의 관절과 근육이 최적의 균형을 이루어야 능률성을 높이고 신체 발달의 좋은 결과를 가져올 수 있습니다.

이러한 역학적 구조 안에서 사슬 운동(kinetic chain exercises)은 두 가지로 나뉩니다. 사슬 구조에는 오픈 키네틱 체인(열린 운동 사슬, open kinetic chain)과 클로즈드 키네틱 체인(닫힌 운동 사슬, closed kinetic chain)이 있습니다.

오픈 키네틱 체인 엑서사이즈(열린 사슬 운동, open kinetic chain exercises)는 각 관절이 개별적으로 움직이거나 동시에 움직이더라도 각각의 움직임이나 힘의 방향이 서로 연관성 없이 이루어집니다. 손과 발이 땅이나 다른 접촉면에 닿지 않은 채 실시하는 운동을 말합니다. 의자에 앉은 채로 무릎을 구부렸다 폈다 하면서 다리를 들어 올리는 동작 같은 것이죠. 주로 한 부위의 근력을 강화하거나 재활하는 것이 목적입니다.

이에 비해 클로즈드 키네틱 체인 엑서사이즈(닫힌 사슬 운동, closed kinetic chain exercises)는 손과 발에 체중 부하를 실으면서 실시하는 운동을 의미합니다. 최소 세 개 이상의 관절이 동시에 움직이면서 몸의 근원 지점으로부터 오는 힘에 저항하는 운동입니다. 스쾃 동작은 클로즈드 키네틱 체인 엑서사이즈에 속합니다. 중심을 잡은 상태에서 중력에 저항해 하체의 전반적인 관절, 근육을 이용하기 때문입니다. 이때 가해지는 힘의 방향에 정확하게 저항하는 방식으로 운동을 실시해야 합니다. 스쾃을 할 때 엉덩관절, 무릎, 발목을 통해 동시에 중력의 힘을 정확히 파악하고, 매 순간의 높이에 따른 중심을 실시간으로 컨트롤하며 운동하는 것이 관건입니다.

스쾃을 실시할 때 보통 무릎을 발끝 앞 이상 넘기지 말라고 합니다. 여러 관절 중 무릎으로 하중이 편중되어 클로즈드 키네틱 체인 엑서사이즈가 깨지지 않도록 하기 위한 지침입니다. 그러나 모든 사람이 무릎을 발끝선에 맞춰야 하는 것은 아닙니다. 사람마다 신체의 비율이 다르기 때문에 자신에게 맞는 클로즈드 키네틱 체인을 정확하게 시행하기 위해 무릎이 발끝을 넘어갈 수도 있습니다. 꼭 똑같은 방법을 따르지 않아도 되며, 각자 신체의 비율을 고려해 스쾃을 하는 것이 옳은 방법입니다. 무엇보다 지면에 닿는 발바닥에 힘을 골고루 분산시켜 각 관절이 균형 있게 저항을 느끼는 지점을 찾는 것이 중요합니다.

여기까지 읽으면서 머릿속에 무엇인가가 번쩍! 하면서 스쳐 지나가죠? 그렇습니다. 발레 동작은 땅에 서서 하는 동작입니다. 특히 다리 동작에서 스탠딩 레그의 상태가 완벽한 클로즈드 키네틱 체인을 수행할 때 최적의 동작이 나올 수 있습니다.

그러나 아래 그림처럼 쁠리에 동작 안에서도 갈비뼈, 골반, 엉덩관절의 위치에 따라 오픈 키네틱 체인이 될 수도, 클로즈드 키네틱 체인이 될 수도 있습니다.

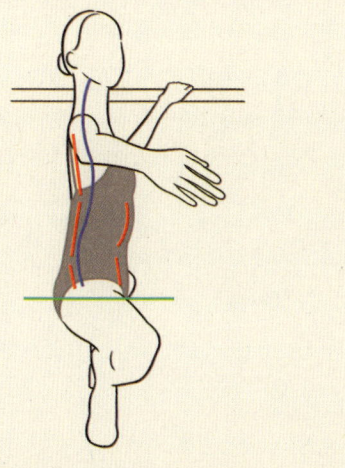
〈오픈 키네틱 체인 엑서사이즈〉

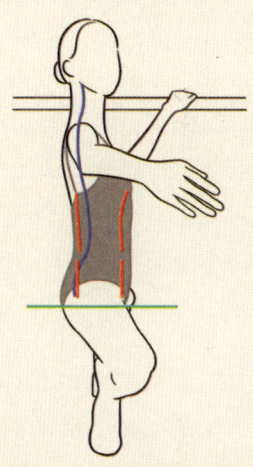
〈클로즈드 키네틱 체인 엑서사이즈〉

대표적으로 바뜨망 퐁뒤(battment fondu)가 이것을 훈련하기에 가장 좋은 동작입니다. 퐁뒤의 자세를 잘 떠올려봅시다. 스탠딩 레그의 발바닥 전체 또는 드미 포인트의 첫째, 둘째 발가락의 발허리뼈 끝쪽을 이용해 중심을 잡고, 동시에 발목, 무릎, 엉덩관절을 정확한 비율로 움직이며 쁠리에를 합니다. 움직이는 다리에서 앞과 뒤 방향으로는 엉덩관절과 무릎, 옆 방향으로는 무릎 관절만을 움직여 중력에 의한 하중을 느끼며 구부렸다 폈다 하는 동작입니다. 중심을 잡기 위해 바에 의지하지 않고, 치골 결합과 위앞엉덩뼈가시의 위치를 감안한 골반 세움, 골반회전각, 역학적으로 논리적인 중심 보상을 위한 상체 기울기의 변화, 발바닥근과 종자뼈 등 각각의 조건을 최적화시켜 동작해야 올바른 훈련이 될 수 있습니다. 이처럼 발레의 모든 동작에서 운동 사슬의 개념을 염두에 두고 움직이는 것이 매우 중요합니다.

intermission
재활, 정말 다시 발레 할 수 있을까?

발레를 배우는 사람들은 대체로 두 부류로 나뉜다. 실력 향상이 돼서 언젠가는 무대에 서고 싶어 하는 사람과 운동 개념으로 스튜디오에서 배우고 무대에 서는 것을 부담스러워하는 사람. 자기 사진이 찍히는 것을 즐기는 사람과 꺼리는 사람으로 나뉘는 것과 비슷하다. 사진 찍히는 것에 대한 호불호가 있듯이 무대에 서는 것에 대한 호불호도 있다. 순전히 개인 취향일 뿐, 어떤 것이 옳고 그르다고 판단할 수 없다.

나는 일말의 타협도 없이 후자에 속하는 취미발레인이다. 발레를 시작하면서 내가 꿈꾸었던 미래는 딱 하나였다. 다행히 내가 발레를 처음 배웠던 학원의 원장 선생님도 성인 수강생들을 무대에 세우는 것을 원하지 않으셨다. 굳이 공연이나 콩쿠르에 욕심을 내는 수강생은 저절로 학원에서 빠져나갔던 것으로 기억한다. 어쨌든 나에게 무대나 공연 같은 것들은 다 필요 없었다. 오직 오래도록 건강하게, 그리고 폼 나게 발레를 배우는 것 하나만 바랐다. 나이가 들어도 가끔 컨디션이 좋은 날이면 토슈즈를 들고 와서 신기도 하고, 화려한 테크닉은 아니어도 음악의 선율을 제대로 타면서 우아하게 발레를 하는 멋진 할머니가 되고 싶었다. 무엇보다 '건강하게'라는 모토가 머릿속에 딱 박혀 있었다.

    그러던 내가 부상을 당한 것이다. 그것도 발레에서는 치명적인 부상. 대단한 목표는 아니라고 생각했던 첫 번째 조건인 '건강하게'란 단어를 빨간펜으로 지워야 할 지경에 이른 것이다. 수술했던 병원에서는 더 황당한 이야기도 들었다. 나처럼 전방 십자인대 재건술과 반원상 연골판 봉합술을 같이 받은 사람은 노년에 퇴행성 관절염에 걸릴 비율이 일반인보다 몇 배로 높다는 것. 담당 주치의는 그런 가능성을 최소화하기 위해서라도 재활 운동을 열심히 할 것을 독려했다. 하지만 재활 운동을 시작하기도 전에 마음이 상당히 슬펐다. 내가 너무 하고 싶어서 시작한 발레, 너무나 재미있고 나이 들어서까지 든든한 내 친구가 되어줄 것 같던 발레가 건강해지려는 내 의지에 걸림돌이 된 것이다.

    재활 운동에 돌입하면서 자연스럽게 몸의 구조와 원리를 학습하며 운동을 하게 됐다. 운동이든 발레든 마냥 즐겁게 하고 싶었는데, 새로운 이론을 배우고 신체 동작을 하나씩 익히고 실행할 때마다 깊은 고민에 빠졌다. 이전까지 즐거움을 주던 발레였는데 웬일인지 그저 신나지만은 않았다. 더군다나 몸의 좌우 밸런스가 무너진 상태에서 하는 운동은 효과도 높지 않고, 드라마틱한 결과도 나오지 않아서 답답한 지경에 이르렀다.

    이런데도 발레를 해야 할까? 근본적인 질문까지 마주하게 됐다. 아니 그보다 과연 발레를 다시 할 수 있을지에 대한 의문에 빠졌다. 내가 어쩌다 발레 때문에 이런 고민을 하게 되었을까? 무대에 데뷔해서 주역을 따고자 하는 욕심도 없으면서 언젠가 발레를 다시 시작하고 계속하게 될 것이라는 어렴풋한 예감은 더욱더 나를 깊은 생각의 바다로 밀어 넣고 있었다.

그래…, 여기까지 왔다면 다시 제대로 공부해보자. 처음에 세웠던 계획처럼 다시금 재활 운동으로 발레를 선택했고, 내가 처음 발레를 시작했을 때 품었던 결심을 내려놓지 않았다. '다시 건강하게' 발레를 시작해보기로 했다.

스스로 좋고 신나서 열심히 혼자서 떠들어댈 동안 10회의 강의로 바른 발레 생활의 기초를 다져준 발레계 간달프 쌤. 모든 것을 리셋하고 다시 시작하려는 나와 함께 발레 수업을 차근차근 진행해주시기로 했다. 어쩌면 발레를 전혀 모르는 사람이 더욱 쉽게 접근할지도 모른다. 자신이 발레를 좀 했고, 잘 아는 사람이라고 생각한다면 오히려 마음을 싹 비우고 재정비한다는 마음으로 다음 장을 넘기기를 바란다.

이제 진짜로 함께 출발해보자.

수강

바른 발레 바 워크
feat. 발레계 간달프 쌤

1강.
쁠리에(plié)
확실한 '클로즈드 키네틱 체인' 점검 단계

윤작가 선생님, 안녕하세요? 앞에서 제 이야기를 쭉 보셔서 어떤 상황인지 아실 거예요. 하나씩 새로운 마음으로 배우고자 하니까 편안하게 수업을 진행해주세요. 신체 능률은 상당히 떨어졌지만 최선을 다해서 배우겠습니다.

간달프쌤 수술을 하고 2년 정도 지났군요. 그전에도 취미지만 꽤 오랫동안 발레를 해오셨고요. 우선 바 워크를 시작하기 전에 당부하고 싶은 것이 하나 있습니다. 용어는 바 워크지만 바가 아예 없다는 마음으로 동작할 것을 권합니다. 사람들은 막연히 '바를 살짝 잡아야 한다'는 것 정도는 알고 있습니다. 그런데 실제로 학생들을 보면 바 워크와 센터 워크 사이에 수행력의 차이가 꽤 큰 경우가 많아요. 심리적으로 바에 의지하고 있다는 증거예요. 나중에 무게중심에 대해 좀 더 자세히 설명하겠지만 바에 조금이라도 중심이 실리면 동작을 하는 중에 신체의 중심이 잘못 세팅됩니다. 두 다리, 또는 한 다리로 명확하게 중심을 이동시킬 때 바를 잡는 손이 또 하나의 무게 중심으로 설정되기 때문입니다. 바를 생각하지 마십시오. 제대로 된 바 워크는 바 없이도 똑같이 해낼 수 있어야 합니다. 클래스 시작하기 전에 그 점을 마음에 담아두세요.

윤작가 이크! 시작부터 엄청나게 찔리는 상황이네요. 저야말로 바 워크와 센터 워크의 수행능력 차이가 꽤 났어요. 어차피 이제 다시 시작하는 마음이니 제대로 해보겠습니다. 우선 1번 포지션으로 서서 준비할까요?

간달프쌤 네, 좋습니다. 각도에 집착하지 말고 자신의 턴 아웃을 현 상태로만 유지하세요. 무릎이나 발목을 뒤트는 턴 아웃을 왜 하지 말아야 하는지 이미 알고 계시죠? 엉덩관절을 이용한 턴 아웃을 합니다. 쁠리에(plié)에서는 클로즈드 키네틱 체인 상태로 몸을 세팅해서 동작을 수행하도록 합니다. 가만히 서 있는 자세(posture)부터 그랑 쁠리에(grand plié)까지는 수직으로 운동 방향이 형성됩니다. 마치 스쾃처럼 선 채로 움직이는 동작과 유사하죠.

1번 포지션, 2번 포지션에 이어서 4번 포지션을 할 때 더욱 주의해야 합니다. 4번 발 포지션은 앞뒤로 자신의 발 넓이만큼 벌린 채로 드미 쁠리에부터 그랑 쁠리에까지 수행합니다. 4번 발에서 가장 안

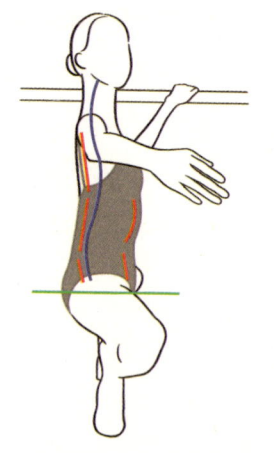

"쁠리에 수행 시 오픈 키네틱 체인으로 하지 않도록 주의하자"

〈쁠리에의 틀린 예〉

정적인 클로즈드 키네틱 체인 상태를 느껴야 합니다. 4번 그랑 쁠리에를 수행할 때 넙다리네갈래근 안쪽 근육에 힘을 최대치로 팽팽하게 줘야 합니다. 앉았다 일어날 때 골반이나 갈비뼈의 반동이 일어나지 않아야 하고요. 골반이 뒤로 기울어지거나 엉덩관절이 느슨해져도 안 됩니다. 4번 발의 뒷다리는 엉덩관절부터 명확한 턴 아웃을 해줘야 합니다.

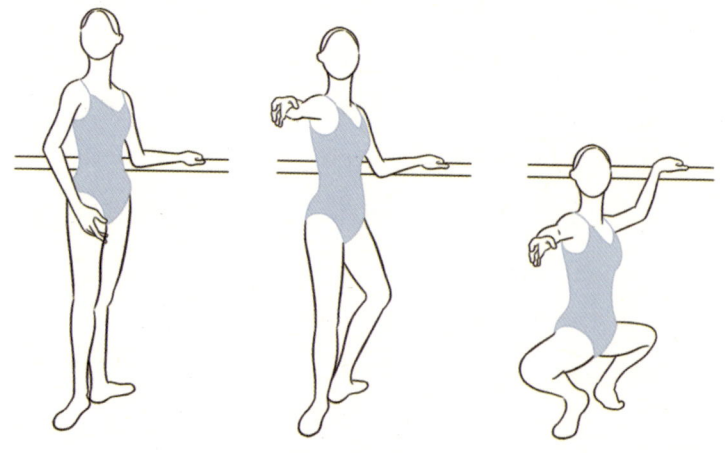

〈쁠리에의 바른 예〉

윤작가 선생님, 사실 제가 다치기 전에는 바 워크를 할 때 음악을 들으면서 몸을 맡기고 자연스럽게 움직이는 그 느낌이 좋았어요. 그런데 이렇게 수업을 하니까 솔직히 발레가 너무 딱딱하게 느껴져요. 꼭 이렇게까지 해야 할까요?

간달프쌤 물론 발레는 음악을 들으며 그 안에서 정제된 라인과 춤을 보여주는 최상의 예술입니다. 그런데 눈에 보이는 현상에만 집착하면 정작 동작의 근본적 원리를 소홀히 여기게 됩니다. 윤작가도 지금까지 턴 아웃은 180도가 된다고 자부했지만 그게 진짜 턴 아웃이었나요? 엉덩관절부터 이루어지는 진짜 턴 아웃을 실행해보면 운동 범위가 자기 생각보다 매우 한정적이라는 것을 알게 될 겁니다. 몸에 대한 상황을 명확하게 파악하고 난 후에 음악을 느끼며 진짜 춤을 추는 단계로 넘어가는 것이 맞습니다. 신체를 올바르게 사용해야 부상을 막을 뿐만 아니라 효율성을 높이고, 이상적인 라인을 구현할 수 있습니다.

동작 하나를 하더라도 생각하며 움직이세요. 음악에 맞춰서 그냥 흉내 내는 동작은 진짜 발레가 아니니까요. 눈에 보이는 현상에 중점을 두면 신체의 여러 분절이 끊임없이 비겁하게 타협을 합니다. 예를 들어 무리한 턴 아웃을 하면 무릎과 발목 관절을 변형시키고, 나아가서 엉덩관절에서 반칙을 범하게 됩니다. 엉덩관절을 분리시켜 동작하지 않고 골반과 넓적다리가 합쳐진 채 통째로 움직이죠.

골반과 엉덩관절에서 잘못된 동작을 수행하면 허리에서 보상을 해서 쭉 펴다 못해 무리한 S곡선인 과신전이 일어납니다. 연이어 허리의 과신전을 감추기 위해서 갈비뼈가 벌어지는 첩첩산중의 상황에 직면하게 됩니다. 그 어떤 동작도 무리해서 수행하지 마세요.

1번 발을 하고 서 있을 때 기본 정렬 상태가 어떤지 확인하는 것이 중요합니다. 골반을 기울이지 않았는지, 흉곽이 벌어지지 않았는지, 엉덩관절에서 힘을 완전히 다 빼고 멍 때리고 있지는 않은지 등등. 자기가 바르게 선 자세를 머리로 인지하고 그것을 머리와 몸에서 동시에 실행하도록 기억해야 합니다. 물론 발레가 몸으로 하는 행위이지만, 몸이 기억한다는 어휘는 추상적인 표현입니다. 두뇌로 인지한 후 숙지하고 그 명령을 '바.르.게.' 신체에 전달하세요. 그래야 신경계와 신체가 올바르게 조합을 합니다. 잘못된 동작만 백날 해봤자 잘못된 것을 백날 연습하는 상황이라는 것. 잊지 마세요.

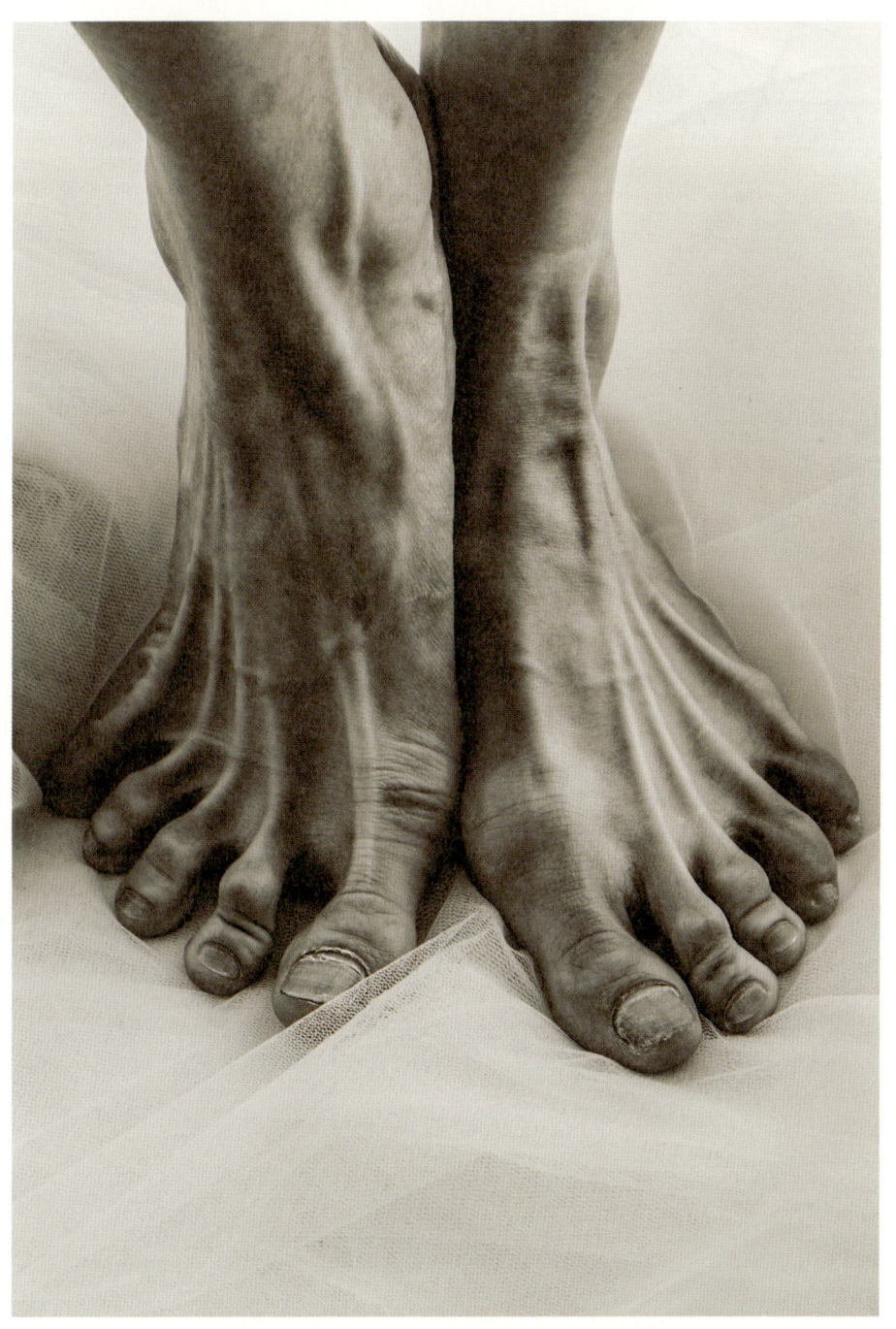

2강.
땅뒤(tendu)

중심 이동의 첫 단계

윤작가   선생님, 제가 앞에서도 말했지만 발레를 처음 배울 땐 몰랐는데 전반적인 것을 파악하고, 게다가 다치기까지 한 상황에 이르니 이제야 전체적인 숲이 보이는 기분이 들어요. 제가 감히 발레의 첫 단추를 채우는 과정이 '땅뒤(tendu)'라고 했는데, 맞는 표현일까요?

간달프쌤   사실 제가 보기에는 윤작가가 발레를 워낙 좋아하고 마냥 신나 있어서 뭐라고 지적하기가 곤란했어요. 그런데 제 생각과 딱 일치하는 몇 가지 중 하나가 '땅뒤'에 대한 진지한 접근이었어요. 그렇다면 제가 역으로 질문을 하나 할게요. 윤작가는 왜 땅뒤가 첫 단추를 채우는 것이라고 생각했나요?

윤작가   프레빠라시옹(préparation)에서 쁠리에까지만 하더라도 양쪽 다리로 지지를 하는 데 반해, 땅뒤부터는 한 다리로 서야 하는 동작이잖아요. 정적인 상태에서 동적인 상태로 전환되는 기점이 땅뒤가 아닌가 싶었어요. 당연히 힘의 분산도 예전과는 다른 거점으로 전환돼야 할 것이고요.

간달프쌤 정확한 분석입니다. 발레는 서서 하는 포즈도 있지만 대부분 공간을 이동하면서 움직이는 동작으로 이루어져 있습니다. 양발을 바닥에 대고 서 있을 땐 힘이 양쪽으로 균일하게 나뉘죠. 하지만 한 다리로 지지하고 나머지 다리를 뻗든지, 올리든지, 찰 때처럼 여러 가지 동작에서 다른 메커니즘이 발생합니다. 우선 5번 발 포지션으로 서게 되면 보행의 원리처럼 골반에서 자연스럽게 골반회전각이 발생합니다. 드방(앞)으로 뻗을 때 워킹 레그의 골반이 약간 더 앞쪽을 향합니다. 예를 들어 바가 왼쪽에 위치한 상황이라면, 오른쪽 다리가 워킹 레그가 되겠죠. 오른발 앞으로 5번 발 포지션에서 드방을 뻗기 위한 자세를 취한다면 오른쪽 골반은 자연스럽게 살짝 앞쪽을 향하게 됩니다. 몸을 과도하게 돌리라는 것이 아니라 자연스러운 상태로 서고, 몸을 똑바로 정렬하기 위해서 상체는 반대 방향으로 토션(회전력, torsion)을 주면서 서 있어야 합니다. 다시 말하면 땅뒤를 할 때 온몸에서 힘을 풀고 설렁설렁하거나 엉덩관절과 골반의 보상 기제를 무시한 채 발끝에만 힘을 주며 바닥을 밀어내는 것은 옳지 않습니다.

그러나 발끝을 옆으로 뻗는 알 라 스꽁드에서는 골반 위치에 대한

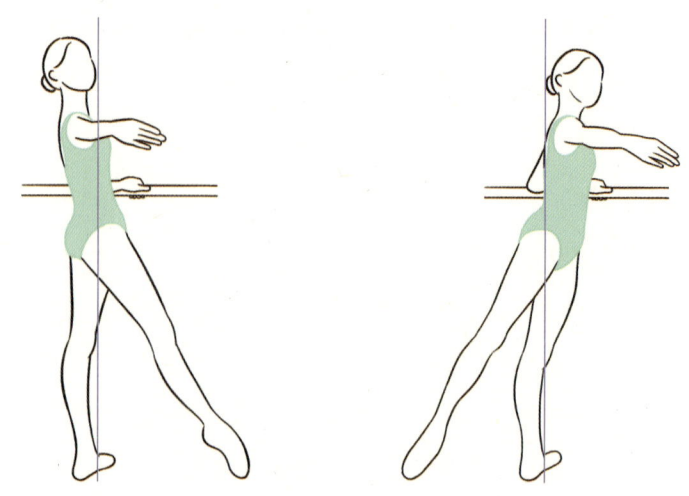

〈땅뒤에서 엉덩관절이 분리되는 원리〉

접근법이 달라집니다. 이때 골반은 똑바로 정면을 향한 상태에서 수행해야 합니다. 완전한 중립 상태에서 다리를 옆으로 뻗습니다. 당연히 엉덩관절 분리에서 이루어지는 턴 아웃이 함께 이루어져야 하고요. 그러려면 어디에? 그렇습니다. 땅뒤 알 라 스꽁드에서는 스탠딩 레그의 엉덩관절에 힘을 주고, 골반이 정확히 정면을 향해야 합니다.

발을 뒤로 뻗는 데리에르에서는 워킹 레그인 오른쪽 다리 쪽 골반이 자연스러운 회전각을 얻어 약간 뒤쪽을 향합니다. 골반이 과도하게 뒤를 향하거나 허리나 상체를 열어 젖히라는 의미가 아닙니다. 드방 동작처럼 데리에르 동작을 할 때도 스탠딩 레그의 엉덩관절은 앞쪽과 뒤쪽을 모두 철통같이 잠그고 워킹 레그의 다리를 뽑아내듯이 뒤로 뻗음과 동시에 뒤쪽 엉덩관절을 명확하게 분리시켜 동작해야 합니다.

중요 포인트를 짚어내자면 발레에 있어서 뻗거나 드는 모든 동작의 시작점은 엉덩관절입니다. 물론 발끝 포인트와 턴 아웃은 기본이고요. 그러나 뻗는 동작에 있어서 발끝 포인트에만 집중하게 되면 상대적으로 엉덩관절 분리의 중요성을 간과하게 됩니다. 골반과 엉덩관절을 하나로 뭉뚱그리지 마세요. 우선순위와 시작점을 골반과 엉덩관절에 두고 이후에는 순차적으로 발끝에 집중하고 동작을 수행하세요.

3강.
데가제(dégagé)

중심 이동! 정말로 했나요? 진짜?

간달프쌤 이번 순서를 나가기 전에 하나 물어볼게요. 땅뒤와 데가제(dégagé)의 가장 큰 차이는 무엇이라고 생각하시나요?

윤작가 땅뒤는 땅에 발을 댄 채로 앞, 옆, 뒤로 다리를 뻗는다면, 데가제는 드디어 다리를 들어 올리는 동작이죠. 이상적인 라인은 무릎을 쭉 펴고, 발끝까지 힘을 줘서 포인트를 하고요.

간달프쌤 윤작가가 말한 답이 틀리지 않습니다. 그러나 땅뒤와 데가제를 다른 원리로 구분해 이해하지 않았으면 해요. 땅뒤에서는 움직이는 다리의 발이 바닥에 닿기 때문에 스탠딩 레그로의 중심 이동이 명확하게 이루어지지 않습니다. 무게중심 이동을 대충해도 땅뒤 동작은 어떻게든 할 수 있어요. 그런데 데가제처럼 워킹 레그를 드방, 알라 스꽁드, 데리에르로 들어 올리는 상황에서는 어떻게 될까요? 확실한 무게중심 이동을 하지 않으면 워킹 레그의 다리가 땅에서 떨어지는 게 쉽지 않죠.

지금 윤작가의 왼쪽에 바가 있고, 워킹 레그가 오른쪽 다리인 상황으로 가정해봅시다. 데가제 순서지만 다시 이전 단계인 땅뒤로 돌아간다고 생각하시고요. 자, 드방으로 다리를 뻗을 때 발을 바닥에 쫀쫀하게 비빌 생각을 하지 말고, 자기 부상 열차가 레일을 지나가듯이 나가보세요. 이 말은 무게감과 탄탄함을 유지한 채 부드럽게 나간다는 뜻입니다.

흔히 바닥에 쫀쫀하게 힘을 줘서 밀곤 해요. 그러면 무게중심 이동이 불분명해지기 때문에 현재 이 단계에서는 스탠딩 레그에 확실히 집중해야 합니다. 지금 워킹 레그는 바로 다음 순서에서 심지어 '들어야!' 합니다. 그러므로 드방을 할 땐 왼쪽 다리에 아주 '확실하게' 무게를 실어야 합니다. 동시에 무분별한 골반의 기울어짐을 방지하기 위해서 상체에서 보상(compensation)이 이루어져야 합니다. 상체는 네모 반듯한 박스 형태를 유지하면서 뻗는 앞다리 무게만큼의 힘을 상체에서 버티는 기분으로 중심을 옮깁니다.

옆으로 뻗는 알 라 스꽁드는 어떻게 될까요? 그렇죠. 몸은 정면을 보고 무게만 왼쪽 측면으로 확실히 실어줍니다. 왼쪽 햄스트링에 힘을 꽉 주고, 동시에 허벅지 안쪽의 근육을 팽팽히 당기면서 오른쪽 다리가 뻗어 나갈 수 있게 보상을 해줍니다. 뒤로 뻗는 데리에르를 할 때 골반회전각이 40도를 넘지 않는 한도 내에서 워킹 레그의 발을 최대한 턴 아웃 합니다. 스탠딩 레그인 왼쪽 발이 자신의 운동범위 한도를 넘어서 발목이나 무릎 관절을 뒤트는 턴 아웃은 하지 않도록 하세요. 이때 들어 올릴 다리 무게만큼 상체의 등판 쪽에서 버텨줘야 합니다. 어떤 동작이든 어느 관절이든 쉬지 않도록 하세요.

즉, 땅뒤를 할 때 이미 스탠딩 레그가 확실히 지지하고 있어야 데가제를 할 수 있습니다. 땅뒤를 할 때 스탠딩 레그의 무게중심 이동이 불확실했다면 데가제 동작에서 스탠딩 레그의 골반과 엉덩관절이 씰룩거리며 워킹 레그의 장단에 춤추게 될 겁니다. 자기도 모르는 새 바를 힘차게 붙들고 있을 거고요. 왜 이렇게 하면 안 된다는 것인지 이제는 알겠죠?

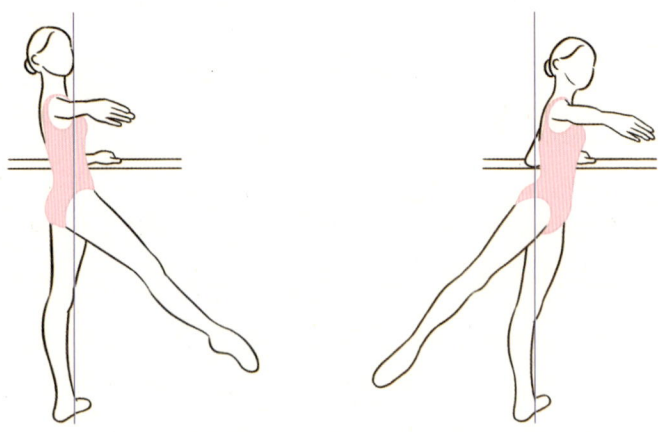

〈데가제 할 때 다리의 움직임과 상체의 보상 기제〉

아름다운 라인을 위해서는 신체의 모든 관절이 명확하고 유기적으로 움직여야 합니다. 어렵지만 포기하지 말고, 하나씩 자기 동작으로 만들도록 하세요.

윤작가 선생님, 궁금한 게 하나 있는데요. 발레를 하면서 왠지 180도 턴 아웃을 하지 않으면 죄를 짓는 기분이 들어요. 저도 모르게 마지막 포즈를 할 때 발뒤꿈치를 앞쪽으로 돌려서라도 어떻게든 180도를 만들려고 했고요. 그런데 지금 생각해보니 그게 제 몸에 무리가 됐던 것이군요. 도대체 어떻게 해야 이상적인 턴 아웃을 할 수 있을까요?

간달프 쌤 물론 이상적인 180도 턴 아웃이 모든 발레인의 로망일 것입니다. 무엇보다 자신의 현 상태를 무시한 채 무리하게 턴 아웃을 하면 안 됩니다. 가끔 어린 학생들에게 1번 자세로 서라고 하면 발뒤꿈치를 먼저 붙이고 무릎을 구부리며 드미 쁠리에 하듯이 180도 턴 아웃을 만듭니다. 이것은 하체와 다리 관절을 뒤트는 가장 나쁜 습관 중 하나입니다. 1번이나 5번 발 턴 아웃을 하고 싶다고 해서 발목에서부터 시작하면 안 됩니다. 한 다리를 뻗은 채로 자세를 취한 후 나머지 다리, 특히 허벅지 안쪽을 꽉 잠그는 기분으로 다리를 갖다 붙이도록 하세요. 언뜻 결과만 보면 비슷한 턴 아웃으로 보이지만, 이 두 가지는 완전히 다른 원리로 접근한 것입니다. 우선순위를 엉덩관절과 허벅지 안쪽 근육에 둘 것인지, 발끝, 발목 등 말초 관절에 둘 것인지의 차이죠.

좀 더 효율적인 턴 아웃을 위해서는 '준비 3강. 올바른 턴 아웃 개선법'에서 언급한 대로 훈련을 계속해야 합니다. 우리는 지금 결과적으로 보이는 좋은 발레 동작에 대한 추상적인 설명을 따라 하는 것이 아니라, 몸의 메커니즘을 정확히 알고 한 켜씩 쌓아나간다는 방향으로 접근하고 있습니다. 이 한 켜, 한 켜가 쌓여야 바른 발레를 할 수 있다는 것을 기억하세요.

4강.
롱 드 장브 아 떼르(rond de jambe à terre)
당신의 골반과 엉덩관절은 안녕하십니까?

윤작가 제가 다치기 전에 가장 좋아하는 바 워크 순서이기도 했어요. 호흡도 길고, 다리도 맘껏 뻗고 돌리고, 왠지 모르게 우아하기도 했으니까요. 그러나 여기서도 마냥 흥겹게 하기보다 모든 기준을 0으로 만들고 다시 하나씩 세팅 작업에 들어가야겠죠?

간달프쌤 제가 말하기 전에 상황을 얼른 파악하신 것 같아서 다행입니다. 이번에 알아볼 동작은 롱 드 장브 아 떼르(rond de jambe à terre)입니다. 풀이하자면 '땅에 발을 댄 채로 둥글게 돌리기' 정도가 될 겁니다. 동작을 구분한다면 드미 롱 드 장브(demi rond de jambe)는 1/4 원을 그리고, 그랑 롱 드 장브(grand rond de jambe)는 반원을 그리는 형상이라고 생각하면 됩니다. 이 동작을 이상적으로 수행한다면 우리 몸이 컴퍼스가 되어 반원에 가까운 모양을 그리는 것과 같아요. 그러면 우리 신체 구조상 어떻게 해야 완벽에 가까운 반원을 그릴 수 있을까요?

앞서 언급한 골반 회전각과 엉덩관절의 구조 원리를 기억하시나요? 보통 롱 드 장브 동작을 할 때 그랑 롱 드 동작이 나오죠? 땅에 발을 대는 아 떼르(à terre) 동작이든, 뒤순서에 나올 다리를 공중에 들고 있는 앙 레르(en l'air) 동작이든 그랑 롱드를 할 때 놓치기 쉬운 부분이 있습니다. 유연성이 뛰어난 사람이라면 보통 골반의 위치를 신경 쓰지 않고 다리를 더 높이, 더 멀리 뻗는 것을 목표로 삼기 쉽습니다. 마치 나사가 헐거워진 선풍기 날개 돌아가듯이 휘젓고 돌리죠. 반대로 유연성이 떨어지는 사람이라면 앞에서부터 뒤에까지 소극적으로 걸치는 탓에 올바른 반원이 아니라 한쪽으로 쏠린 타원을 그리기 쉽습니다. 똑같은 롱 드 장브 아 떼르를 하더라도 이렇게 현저한 차이를 보이는 이유는 무엇일까요?

윤작가   유연성의 차이가 아닐까요? 음…, 아니다. 오히려 골반과 엉덩관절의 관계에 비밀이 숨어 있을 것 같아요.

간달프쌤   눈치가 빠르시군요. 맞습니다. 인간의 몸은 입체로 이루어졌습니다. 평범한 종이접기처럼 2차원 평면을 오가며 90도나 45도만을 구현하지 않습니다. 골반이 고정된 상태라면 엉덩관절을 이용해 다리를 앞으로 뻗고, 뒤로 뻗을 때 움직이는 각도는 앞뒤 180도 방향이 아니에요. 앞으로 뻗을 땐 1시 방향, 뒤로 뻗을 땐 5시 방향쯤 됩

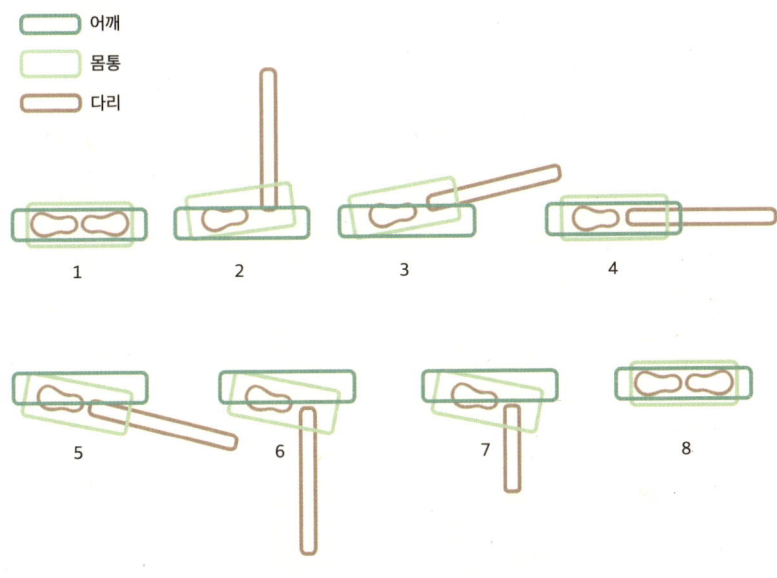

〈그랑 롱 드 장브, 위에서 바라본 모습〉

니다. 이때 위에서 바라본 수직선 위의 골반회전각은 40도 정도가 됩니다. 인간이 앞으로 똑바로 보행할 수 있는 것은 앞에서도 언급한 골반회전각이 작동하는 원리 때문이죠. 그렇다면 앞에서 시작해 뒤로 향해가는 그랑 롱드를 수행할 때 골반을 완벽하게 고정하고 엉덩관절에 연결된 넓적다리 연결 부위만을 돌려서 정확한 반원을 그릴 수 있을까요? 아닙니다. 사람마다 골반과 엉덩관절의 구조와 모양이 전부 다르기 때문에 몇 도의 각도라고 한정 짓기는 어렵습니다. 다만, 대략 12시에서 2시 방향 정도까지는 엉덩관절을 이용해 다리를 움직이고, 2시에서 4시 방향 정도까지는 골반회전각을 이용해서 다리를 돌립니다. 다시 4시에서 6시 방향 종착점까지는 엉덩관절 턴 아웃을 이용한 다리로 그랑 롱드를 마무리합니다. 발레 동작을 설명하면서 몇 시 방향이 어떻고, 각도가 몇 도면 어떻고 하니 무슨 소리인가 싶죠? 쉽게 공식처럼 요약해보겠습니다. 그랑 롱드를 할 때 〈다리 → 골반 → 골반 → 다리〉라는 공식을 기억해두고 이전처럼 무작정 돌리는 것을 배제해야 합니다. 엉덩관절과 골반의 구조를 이해하지 않고, 욕심껏 180도로 회전하려 들면 대부분 골반이 무너지게 되므로 제대로 된 그랑 롱드를 수행하기 어렵습니다. 동작 하나를 하더라도 골격과 근육의 원리를 조금이라도 인지하고 시도할 것을 당부합니다.

5강.
퐁뒤(fondu)

같은 듯 다른
이란성쌍둥이

윤작가 발레를 처음 접하고 바 워크 중에서 가장 끈적하면서도 관능적인 동작이 퐁뒤(fondu)라고 생각했어요. 의미적으로도 그렇고요. 그런데 이 동작을 하면 할수록 삘~(feel)이 너무 충만해져서 약간 오버스러워지는 데다 정제된 라인이 나오지 않더라고요. 어떻게 해야 단정하고 우아한 퐁뒤를 할 수 있을까요?

간달프쌤 발레를 처음 배울 때 퐁뒤를 하면 조금 어색하고 뻣뻣하죠. 조금 익숙해지고 나면 윤작가가 말한 대로 느낌에 충만한 퐁뒤를 하게 됩니다. 그러다 보면 본질에서 벗어나 뭔가를 좀 더 표현해야 한다는 강박적인 마음을 갖기 쉬워요. 여기서 한 가지 질문을 던질게요. 퐁뒤를 할 때 바깥쪽에서 준비 박자를 시작한 다음, 한쪽 발을 발목에 갖다 대는 쒸르 르 꾸드삐에 동작에서부터 본 박자를 시작하잖아요. 이때 양쪽 무릎이 구부러지면서 다리의 모양이 마름모가 되죠. 이 동작을 할 때 스탠딩 레그와 워킹 레그의 기능적 측면을 고민해 보셨나요?

윤작가 다리를 드방, 알 라 스꽁드, 데리에르로 뻗기 전에 꾸드삐에 동작에서는 최대한 양쪽을 비슷하게 대칭으로 만든다고 생각했어요.

간달프쌤 놀라운 비밀을 하나 알려드릴게요. 여기서 두 다리를 구부리는 모양은 비슷하지만 기능적 역할은 완전히 다릅니다. 이란성쌍둥이라고 생각하면 돼요.

윤작가 잠깐만요. 선생님. 왜 그렇죠?

간달프쌤 퐁뒤 동작의 비대칭 마름모꼴이 만들어질 때 움직이는 근육은 물론, 주변의 여러 근육이 복합적으로 운동을 합니다. 주동근을 살펴보면 스탠딩 레그 쪽에서는 넙다리네갈래근과 엉덩관절 모음근 그룹의 근육들의 신장성 수축(eccentric contraction, 근의 길이가 길어지며 늘어나는 상태에서의 수축)이 일어나고, 워킹 레그 쪽에서는 엉덩관절의 대퇴근막긴장근을 포함한 벌림근과 넙다리두갈래근, 즉 햄스트링의 단축성 수축(concentric contraction, 근의 길이가 짧아지며 수축하는 상태)이 동시에 일어납니다. 정리하자면 서 있는 발은 몸이 주저앉지 않도록 힘을 줘서 버티면서 내려가고, 움직이는 발은 엉덩관절과 무릎을 구부려 들어 올리는 동작을 동시에 하는 것이죠.

왜 이란성쌍둥이라고 하는지 이해가 되나요? 운동할 때 모양만 보고 우리가 같은 근육 운동을 하고 있다고 착각하면 안 됩니다. 또한 다리를 드방, 알 라 스꽁드, 데리에르로 뻗기 전에 수행하는 쒸르 꾸드삐에 중에는 항상 몸이 센터 중심, 즉 중립을 유지한 다음 다리를 뻗을 때 변화되는 중심을 이동하도록 해야 합니다.

윤작가 어? 정말 그렇네요. 선생님. 머릿속으로 생각하며 직접 해보니 이 동작을 할 때 양쪽 다리의 근육을 전혀 다르게 사용하고 있다는 것을 알았어요. 그렇다면 좀 더 턴 아웃에도 신경을 써야겠군요.

〈풍뒤 모양, 근육 성질의 이해〉

TIP! 여기서 잠깐!

흔히 발레에서 턴 아웃을 이야기할 때 착각하는 것이 있습니다. 턴 아웃은 궁극적으로 엉덩관절에서 이루어져야 합니다. 그런데 엉덩관절에서의 넙다리뼈 위치는 고려하지 않은 채 무릎과 발목을 바깥쪽으로 돌리는 것을 턴 아웃으로 착각하기도 합니다. 이러한 오해를 막고자 저는 임의로 '턴 아웃'과 '오픈'이라는 말로 구분을 해요. 오픈을 해부학적으로 정의하자면 수평 외전(horizontal abduction)입니다.

예를 들어 팔을 차렷 자세에서 옆으로 들어 올린 상태를 외전(外轉, abduction)이라 하고, 팔을 앞으로 나란히 한 자세에서 양팔 벌린 자세로 옆으로 벌리면 수평 외전이 됩니다. 이것을 그대로 다리에 적용시키면 턴 아웃은 엉덩관절에서 이루어지고, 오픈은 턴 아웃된 허벅지를 2번 발 방향으로 열어주는 것을 의미하는 거죠. 그러므로 올바른 쒸르 르 꾸드삐에 동작에서는 턴 아웃과 오픈이 동시에 이루어져야 합니다. 발레 동작을 할 때 움직임의 분절을 좀 더 명확하게 알고 움직일 필요가 있습니다. 같은 모양이라고 기능도 같은 것이 아닙니다. 이제 차이점이 명확해졌죠?

6강.
바뜨망 프라뻬(battement frappé)

프레빠라시옹 위치의
비밀 대공개

윤작가   발이 엄청나게 바빠지는 바뜨망 프라뻬(battement frappé)에 도달했군요. 선생님! 이 동작에서 특히 주의할 것이 있나요? 저는 항상 박자를 놓치지 않으려고 노력하는 편이에요. 박자가 빠르고 자잘한 동작이 많아서 자칫 박자를 놓치기 쉽거든요.

간달프쌤   맞습니다. 그렇지만 여기서도 꼭 짚고 넘어가야 할 것이 있어요. 바뜨망 프라뻬라는 이름에 주목해봅시다. 프라뻬는 '부딪히다, 때리다' 등의 의미가 있어요. 즉, 이 동작의 주인공은 프라뻬가 돼야 합니다. 이 동작을 하기 전 프레빠라시옹(준비) 위치에 대해서 생각할 필요가 있습니다. 바뜨망 프라뻬의 경우는 프레빠라시옹의 위치가 알 라 스꽁드에서 시작하죠? 그렇다면 알 라 스꽁드 위치가 출발점이자 종착점이 돼야 합니다. 즉, 꾸드삐에로 발목을 때리는 동작은 순간적으로 정확히 치고, 다시 종착점인 알 라 스꽁드 위치로 가야 하죠.

아까 박자를 놓치지 않으려고 주의한다고 했었죠? 실제로 바뜨망 프라빼를 할 때 많은 학생이 이 부분에서 실수를 합니다. 한 템포 안에서 박자를 등분해 동작을 하기 때문이에요. 그러면 박자도 늘어지고 동작의 의미도 퇴색됩니다. 프라빼가 주인공이 되려면 발목을 정확히 '때리는' 순간 음악의 박자가 '1(One)'이 돼야 합니다. 바 워크 동작 중 프레빠라시옹의 위치에서 다리가 모여서 시작하느냐, 옆으로 나간 상태에서 시작하느냐에 따라서 박자를 다르게 사용해야 합니다. 비슷한 경우가 롱 드 장브 앙 레르가 있겠네요. 분명 바뜨망 프라빼보다는 느린 동작이지만 이것 역시 시작점과 종착점이 알 라 스꽁드 위치라는 것을 생각하고 수행해야 합니다. '내 몸에 발이 닿는 순간이 동작의 반환점'이라는 것을 염두에 두세요.

윤작가 아…, 그렇다면 바뜨망 프라빼에서 하나! 두울! 이렇게 정박자로 발목을 때리는 것이 아니라 이(y)~ 하나!~아, 둘!~우울, 이런 식으로 발목을 때리는 순간에 짧고 강하게 치고 들어가야 하는군요. 한 박자 안에서 절묘한 당김음을 밀당으로 사용해야 한다는 말인가요?

간달프쌤 그렇습니다. 출발점과 종착점이 내 몸에서 시작되는지, 내 몸에서 떨어져서 시작되는지를 잘 구분하면 박자를 어떻게 사용해야 할지 감이 올 겁니다. 또 한 가지 팁을 드리자면 이렇게 다리가 알 라 스꽁드에서 시작하는 동작에서는 바에서 조금 더 떨어져야 안정적으로 중심 이동을 할 수 있습니다. 바 워크를 할 때 바를 잡는 손의 위치도 시시때때로 바뀔 수 있죠? 마찬가지로 동작에 따라서 바와 몸을 좀 더 멀리 떨어뜨린 상태에서 수행해야 하는 경우가 있습니다. 롱 드 장브 아 떼르, 바뜨망 프라뻬, 롱 드 장브 앙 레르 정도가 대표적이겠네요.

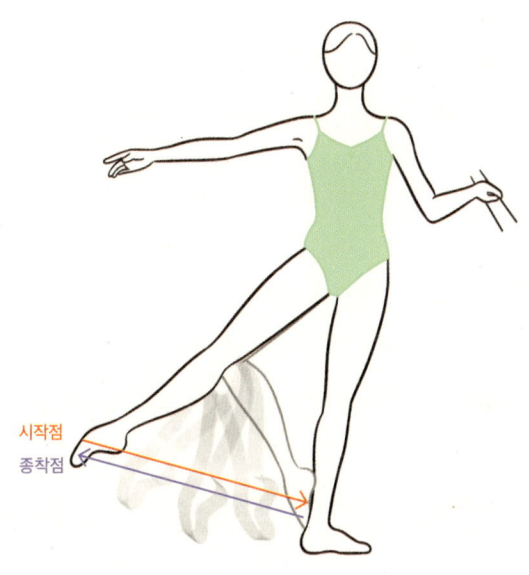

〈알 라 스꽁드 위치에서 시작할 때 유의점〉

7강.
롱 드 장브 앙 레르(rond de jambe en l'air)
1:1 정박자 말고, 3:2 타이밍을 알아야 제대로 된 코디네이션

윤작가   선생님이 조금 전에 이야기하신 부분을 이해하겠어요. 롱 드 장브 앙 레르(rond de jambe en l'air) 역시 준비 자세를 취하면서 첫 박자가 알 라 스꽁드에서 시작하니 종착점도 결국 알 라 스꽁드로 돌아가야겠네요?

간달프쌤   그렇습니다. 또한 롱 드 장브 앙 레르는 바뜨망 프라뻬에 비해서 템포가 조금 느리죠. 이 동작에서 중점을 둬야 할 곳이 있습니다. 나중에 팔동작인 포르 드 브라에 대해 따로 떼어놓고 설명을 하겠지만, 롱 드 장브 앙 레르에서는 포르 드 브라의 코디네이션(coordination)이 중요합니다. 윤작가는 발레를 처음 배울 때 팔 동작과 다리 동작 중 어떤 것에 더 집중하셨죠?

윤작가   그야 워낙 용어가 낯설고 포지션 자체를 몰라서 다리 동작을 따라 하기에 급급했어요. 선생님도 팔을 흐느적거릴 바에는 그냥 알 라 스꽁드 상태로 고정하고 다리 동작을 익히라고 했고요.

간달프쌤   네, 맞습니다. 처음에 물론 다리의 방향과 발동작을 익히고 포르드 브라를 붙여서 가는 것이 맞습니다. 그런데 여기서 문제가 하나 발생합니다. 팔과 다리가 정박자로 1:1 맞추듯이 가지 않는다는 것이죠.

발레를 처음 접하는 학생들은 발과 팔의 포지션과 움직임을 배우고 그것을 함께 조합해 하나의 완성된 동작을 만들어나갑니다. 이 과정에서 기본적으로 움직임의 경로를 맞추는 코디네이션을 배우게 되죠. 이때 보통 시작과 끝을 정확하게 맞춰 상체와 하체의 두 동작을 함께 움직이는 데 익숙해집니다. 그러다가 이러한 동작을 음악과 함께 반복적으로 연습하다 보면 지도하는 선생님의 역량이나 개인적인 능력에 따라 두 움직임의 타이밍에 조금씩 차이가 생깁니다. 그 타이밍에 따라 코디네이션을 맞춘 동작이 훨씬 부드러워지고 자연스러워지며 수월해집니다.

예를 들어 바 워크 쁠리에 동작을 떠올려보세요. 팔은 알 라 스꽁드에서 시작해 앙 바(en bas), 앙 아방(en avant), 알 라 스꽁드로 돌아오고, 발은 그랑 쁠리에를 하고 있습니다. 알 라 스꽁드에서 시작되는 팔은 둥근 팔에서 알롱제(allongé)로 늘이는 동작을 음악의 못갖춘마디(대부분 본 박자 바로 전 반 박자)에 수행한 후, 팔이 앙 바를 향해 움직일 때 발도 함께 구부리는 동작을 합니다.

여기서 대부분 무릎이 내려가서 다시 올라오는 쁠리에의 시점과 팔의 앙 바의 지점을 맞추고, 다시 무릎은 펴서 올라오고 팔은 앙 아방을 거쳐 알 라 스꽁드로 돌아올 때를 맞춥니다. 이렇게 발이 완전히 구부러져 내려가 있는 시점과 팔의 앙 바의 지점을 맞추게 되면 무릎이 올라오면서 팔이 앙 아방에 도달할 때쯤 무릎이 다 펴지고 동작을 이미 마친 상태가 되죠. 결국 팔만 외롭게 홀로 앙 아방에서 알 라 스꽁드로 움직이게 됩니다. 이 상황을 실제로 보면 팔과 다리가 따로 동작을 하고, 전체적으로 동작이 꽉 차지 못한 듯한 이미지로 보입니다. 즉, 코디네이션의 밸런스가 일부분 깨져 있는 상태죠.

그렇다면 왜 이처럼 단순해 보이는 동작에서 은근히 해결하기 어려운 문제가 발생할까요? 그 이유는 팔의 움직임(포르 드 브라)을 배분하는 방식이 잘못되어 있기 때문입니다. 팔이 알 라 스꽁드에서 앙 바를 향해 내려가고(이때 실제로 팔은 앙 바를 향해 갈 뿐 실질적으로 낮은 앙 아방을 통과한다고 볼 수 있습니다), 앙 바 쪽에서 앙 아방으로 가고, 앙 아방에서 알 라 스꽁드로 가는 세 구간과 발의 무릎이 완전히 구부러져 내려갔다가 다시 펴지며 몸이 올라오는 두 구간을 함께 수행하는 과정에서 반환점이 일치하지 않기 때문이죠. 팔이 3이라면, 다리는 2인 셈입니다. 3과 2를 반으로 나눠서 1.5:1의 지점으로 생각해야 합니다. 즉, 발이 그랑 쁠리에의 끝 지점을 통과할 때 팔은 앙 바 쪽에서 앙 아방으로 가는 중간 지점을 통과하고 있어야 합니다. 이어서 앙 아방을 거쳐 알 라 스꽁드로 팔이 되돌아올 때까지 무릎이 함께 펴지고 있어야 합니다. 하지만 보통 팔이 앙 아방을 통과할 때 이미 무릎이 다 펴져버리고 나머지 박자는 팔만 움직이는 상태로 동작을 합니다. 이 점을 꼭 고치도록 하세요.

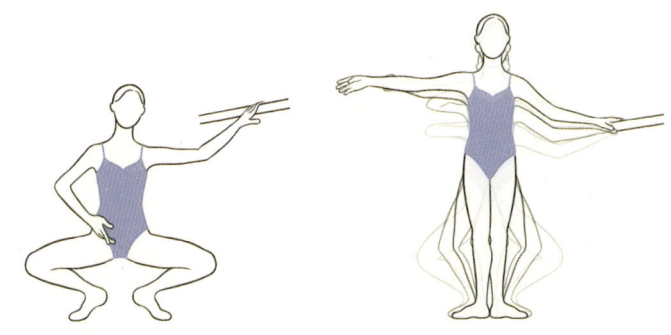

〈그랑 쁠리에 동작과 포르 드 브라〉

〈롱 드 장브 앙레르 동작과 포르 드 브라〉

윤작가 아…, 발레는 정박자라는 선입견부터 버려야 할 것 같네요. 저도 빨리에 동작을 할 때 무의식중에 다리가 선발대로 도착하고, 팔이 후발대로 따라왔던 경우예요. 어떻게 보면 이 타이밍은 피아노에서 오른손 8분음표 두 개에 왼손 셋잇단 음표를 넣는 것과 유사한 것 같아요. '한 박자 안에 2개와 3개를 나눠서 넣어라.'

간달프쌤 음악의 박자에 맞춰 연주하는 상황에 비유한다면 아주 적절하겠군요. 이왕 이야기가 나온 김에 또 다른 경우도 설명하겠습니다. 데블로뻬는 프레빠라시옹이 앙 바에서 시작하고 약간의 알롱제를 못갖춘마디에서 시작해 낮은 앙 아방을 통과할 때 발 동작이 시작되어야 합니다. 대개는 처음 시작하는 단계에서는 잘 지켜지는데 앞에서 마치고 옆으로 바로 이어서 시작되는 동작을 할 때 실수가 많이 생겨요. 팔이 알 라 스꽁드에서 앙 바 쪽으로 내려가는 과정에서 이미 발 동작이 시작되는 경우가 자주 있습니다. 팔이 발을 이끌어주듯이 동작을 해야 자연스럽고 조화롭습니다. 또한, 센터 워크의 점프 동작 중에도 팔의 모양을 만들고 발의 움직임이 따라가야 매끄럽게 동작이 이뤄집니다. 그 예로 씨쏜느 동작을 할 때 앙 아방에서 이미 팔을 동작의 포지션으로 만든 후에 발의 점프 동작을 하는 것이 정확한 방법입니다.

코디네이션을 한 문장으로 정리하자면 다음과 같습니다.

"동작을 해야 할 음악을 들으며 준비 부분에서 마음의 준비를 하고, 호흡과 함께 시선에서부터 동작을 시작하며, 이 시선이 팔을 이끌고, 팔은 다리의 동작을 이끌어나가며 전체적 동작을 조화롭게 만든다."
롱 드 장브 앙 레르에서도 항상 팔이 살짝 먼저 다리를 리드해야 하는 이유도 마찬가지입니다.

＃ 8강.

데블로뻬(développé)

움직일 것과 움직이지 말아야 할 것
(feat. 지구의 중력)

윤작가 데블로뻬(développé)가 '펼치다'라는 뜻을 가지고 있잖아요. 바 워크를 쭉 해오다 데블로뻬 순서쯤 되면 시원시원하게 늘여줘야 한다는 강박증이 생기는 것 같아요. 그런데 지금까지 선생님 설명을 듣다 보니 그동안 저는 유연함을 맘껏 자랑하며 데블로뻬를 오남용했다는 생각이 들어요.

간달프쌤 제가 처음부터 강조했던 것 기억하시죠? 올바른 발레 동작을 하려면 서 있는 자세부터 중요하다고 했습니다. 신체의 중심을 바르게 잡으려면 중력선과 함께 발바닥의 종자뼈, 나아가서 골반과 갈비뼈가 어떻게 자리 잡고 있는지를 알아야 합니다. 그런데 막상 음악과 함께 바워크를 시작하면 처음 신경 썼던 부분이 흐트러지고 다시금 습관대로 동작을 하기 쉽습니다. 특히 바 워크의 중반 이상을 넘어간 지금 시점에서 데블로뻬처럼 늘이는 동작이 나오면 근육의 방향성이나 기능성을 잊고 본인 편한 대로 무조건 '길~게~'라는 생각으로 운동을 하게 됩니다. 아마 윤작가도 지금껏 그렇게 데블로뻬를 했을 겁니다. 이렇게 근육이 작용하던 방향으로 무조건 길이를 늘이는 식의 신장성 운동만 하면, 기능적으로 버텨야 할 근육의 힘을 오히려 약화시킬 수 있습니다. 옳은 길이 아닌 잘못된 길로 애써 길을 만드는 격이 됩니다. 이렇게 잘못된 방법으로 운동을 하면 근육을 관장하는 신경 또한 세팅이 잘못돼서, 진짜 발레 동작을 해야 할 땐 이상한 습관에 따라 동작을 하는 결과를 낳죠.

윤작가 그렇다면 이 동작을 하면서 가장 집중하고 주의해야 할 것은 무엇일까요?

간달프쌤 데블로뻬의 첫 포즈는 두 발로 시작하지만 일단 시작한 후에는 끝나기 전까지 모든 동작이 한 발 중심으로 이뤄집니다. 그래서 철저하게 스탠딩 레그와 워킹 레그의 동작과 기능을 구분해야 합니다. 스탠딩 레그는 완전한 클로즈드 체인 상태를 유지해야 하고 워킹 레그를 움직일 때 엉덩관절을 정확하게 사용해야 합니다.

발레를 할 때 엉덩관절 분리라는 말을 들어봤을 겁니다. 이것은 워킹 레그가 동작을 수행할 때 엉덩관절의 굽힘, 폄, 모음, 벌림, 외회전, 내회전 등을 하면서 골반이 함께 움직이지 않게 하는 개념입니다. 일반적으로 당연하게 여겨지는 이 동작을 실제로 해보면 실수가 빈번하게 일어납니다. 예를 들어 누워서 한 다리를 들었다 내렸다 할 때, 골반의 위치와 각도가 달라지지 않도록 집중하느라 그 외 다른 신체의 부위들도 고정하려고 합니다. 여기까지는 이론상 맞지만 이렇게 누워 있는 경우에는 오로지 워킹 레그 스위치만 켜져 있고, 스탠딩 레그 스위치는 꺼져 있는 상태입니다.

자! 스탠딩 레그를 '온 에어' 한다면, 즉 기립 자세라면 상황이 달라지겠죠. 중력이라는 거스를 수 없는 외력이 개입하게 됩니다. 그것을 명확히 인지하고 받아들여 이용해야 해요. 우리가 살고 있는 이 지구상에는 물체가 운동할 때 중력의 작용으로 생기는 가속도(중력가속도, $9.8m/s^2$)가 존재한다는 것을 잊지 말아야 합니다. 위의 경우 엉덩관절을 분리하며 움직이는 동작을 할 때 기립이 아닌 누워 있는 자세로 무게중심을 최대한 낮춘 안정적인 자세였기 때문에 중력의 영향을 크게 받지 않는 것처럼 느껴질 뿐입니다. 분명 움직임에 따른 무게중심의 변화가 일어나고 있어요.

1번 발 포지션에서 땅뒤를 할 때, 서 있던 두 발의 중심에서 한 발로 중심 이동을 시키기 위해 모든 몸의 중심을 정확하게 서 있는 한 발로 이동해야 합니다. 여기서 흔히 생각하는 것보다 훨씬 많이 이동해야 안정적인 무게중심 전환이 이루어집니다. 클래스에서 수행하는 앞으로 들어 올리는 데블로뻬 동작이나 5번 발 포지션에서 시작하는 것을 생각해봅시다. 두 발로 서 있다가 한 발을 발목을 스치며 들어 올리려 할 때, 다른 부위는 '꼼짝 마!' 자세로 고정한 채 오직 움직이는 쪽 엉덩관절과 무릎, 발목의 관절만을 사용해 들어 올리려면 시작하기 전부터 마음이 무거워질 것입니다. 그러면서 '그래! 발레는 원래 이래. 어려운 상황을 의연하게 버텨나가는 거야'라는 굳은 의지를 불태우며 본인은 드는 다리 외에는 움직이지 않았다고 믿고 싶겠죠? 그러나 실상은 어떨까요? 상체 중에서는 머리만 겨우 처음 위치를 유지하고 있을 뿐, 바를 잡고 있는 손에 이미 많은 힘이 들어가 있을 겁니다. 무릎과 골반은 살짝 비겁하게 구부러져 있는 기립 자세에다, 골반과 상체의 분절은 이미 밸런스가 무너졌을 것이고요. 그래서 발바닥의 종자뼈가 바닥으로부터 떨어지고 새끼발가락 쪽으로 체중이 많이 실린 오픈 체인 상태가 만들어졌을 겁니다. 이 상황을 억지로 버티면서 무분별하게 힘을 사용한다면 정상적인 몸의 상태가 깨지고 그에 따른 유동 기능이 저하되어 결국 만성적 부상에 이르는 연습을 반복하는 셈이 됩니다.

윤작가 단순히 늘이는 것이 중요한 게 아니라 한 발을 바르게 들기 위해서 몸을 클로즈드 체인 상태로 만들어야 하는군요. 무엇보다 먼저 스탠딩 레그로 무게중심이 확실히 이동해야 하고요.

간달프쌤 맞아요. 그럼 지금부터 백지 상태의 마음과 논리적 사고로 함께 동작해볼까요? 우선 5번 발 포지션으로 시작해보죠. 오른발이 앞에 있을 때 앞으로 데블로뻬를 한다면 왼발이 자연스럽게 스탠딩 레그가 됩니다. 동작을 하기 전에 기존의 방식대로 아무것도 움직이거나 이동하지 않은 채, 오른쪽 다리를 들려고 생각하면 부담이 될 겁니다. 인간의 몸이 이미 중력을 느끼고 있기 때문입니다. 이런 방식으로 움직이려고 하는 신호가 옳지 않다는 것을 우리의 신체는 본능적으로 알고 있습니다.

그렇다면 두 발이 지면에 닿아 있는 상태에서 몸의 무게중심을 왼쪽 다리로 옮겨봅시다. 체중을 왼쪽 다리에 싣는다고 느끼면 됩니다. 마음이 한결 편안해질 겁니다. '내가 발레를 하는데 이렇게 마음이 편해도 되나?' 싶을 정도로 말이죠. 여기서 오른쪽 다리를 바닥에서 떼어 발목을 스치며 올려봅시다. 물론 이때 바를 잡은 손은 오로지 보조적인 역할만 할 뿐, 절대 중심을 잡는 데 사용하면 안 됩니다.

중심 이동이 된 후 워킹 레그인 오른쪽 다리가 종아리를 스쳐 무릎을 지나는 빠쎄를 할 때 골반의 세움이 변화되지 않게 유지해야 합니다. 여기서 흔히 실수를 범합니다. 대부분 발끝이 발목을 스쳐 올라가는 것에만 집중합니다. 당연히 발목을 최대한 펴고 발끝까지 힘을 주어 포인트 하는 것은 미적 측면에서 상당히 중요합니다. 여기서 포인트를 한 발이 정강이뼈를 스쳐 무릎 부위까지 올라갈 때, 어느 관절과 어느 근육을 운동 기능의 원천으로 사용하는지 제대로 인지해야 합니다. 발끝이 무릎까지 스쳐 올라가는 것은 엉덩관절과 무릎관절의 운동 결과입니다. 엉덩관절을 외회전한 상태에서 외전, 즉 턴 아웃을 해 넙다리뼈를 옆으로 들어 올리고, 동시에 무릎을 구부려서 발끝이 정강이를 스쳐 올라갈 수 있게 조절해야 합니다. 발끝만 생각하지 말고 움직이기 위한 근본적인 관절과 근육에 집중해보세요. 지금과는 다른 관점으로 동작에 접근하면 몸에서 느끼는 피드백을 보다 명확하게 알 수 있습니다.

이렇게 무게중심을 스탠딩 레그 쪽으로 확실히 옮기고 동작을 하면 비로소 워킹 레그의 엉덩관절만을 분리해서 움직일 수 있는 상태가 됩니다. 발끝이 무릎까지 올라가면 넙다리뼈는 몸의 측면으로 들립니다. 이때 힘 있게 오픈(벌림, 외전) 동작이 이뤄지는데 이때 엉덩관절의 운동범위는 약 90도입니다. 즉, 이 위치까지는 중심 이동을 위한 워킹 레그 쪽 엉덩관절을 모으는 동작으로 인해 골반의 위치는 바 쪽으로 약간 이동하게 됩니다. 골반의 세움 자세(ASIS의 평형, 골반의 역삼각형 면)를 유지하기 위해 신경을 쓰며 동작을 실시합니다. 넙다리뼈와 무릎을 구부려 빠쎄 동작을 하는 근육의 움직임을 하나의 묶음으로 생각하며 동작을 기억하도록 합시다.

이어서 빠쎄 동작의 과정까지 발바닥의 종자뼈가 뜨지 않게 발바닥근을 활용해 바닥에 제대로 밀착되도록 합니다. 이때 많은 힘이 발바닥으로 가게 됩니다. 특히 발바닥근에 극도의 피로감과 통증이 생기기도 할 겁니다. 이러한 통증은 지금껏 바를 잡은 손을 이용하거나 혹은 발바닥근을 이용하지 않고, 무릎, 엉덩관절 그리고 상체의 많은 관절을 이용해 중심 이동을 조절했다는 방증이 되겠죠. 제대로 사용하지 않아서 상대적으로 약해진 발바닥근을 사용하는 덕분에 근육이 일시적으로 놀란 현상이니 걱정하지 않아도 됩니다. 무릎까지 올라온 발끝을 연이어 앞을 향해 들어 펼치는 데블로뻬드방 동작을 이어갈 때 2막이 시작됩니다. 역시 움직임의 주체는 발끝이 아니라 엉덩관절과 무릎 관절입니다. 각 움직임에 따른 발등의 방향이나 발끝의 위치를 생각하며 꼼꼼하게 동작에 집중해주세요. 무게중심 이동의 변화 없이 원래 서 있는 쪽으로 위치와 자세를 유지하면 바를 잡은 손으로 자신도 모르게 중심을 잡게 됩니다. 무게중심의 불분명한 분할로 인해 신체는 오픈 체인 상태로 중심을 잡게 되어 원래 데블로뻬의 기능적 목적과는 다른 동작을 하게 됩니다. 데블로뻬를 할 때 깔끔하고 시원스러운 라인이 나오지 않는다면 자신의 신체 상태를 점검해야 합니다. 빠쎄까지는 몸의 측면으로 다리를 들어 올리기 때문에 스탠딩 레그의 엉덩관절과 발목을 이용해 골반과 상체를 함께 바 쪽 측면으로 이동시켜 중심을 유지하면 됩니다.

다음으로 다리를 앞으로 뻗기 위해 엉덩관절을 더욱 강한 힘으로 외회전시킵니다. 동시에 수평적 모음(다리를 옆으로 들어 올린 상태에서 앞으로 옮기는 드미 롱 드 장브)을 하면서 무릎을 펴나갈 때 발끝이 무릎에서 정확히 앞쪽으로 뻗어지도록 합니다. 이때 몸통으로부터 앞으로 멀어진 다리의 질량값으로 인해 몸의 무게중심점이 이동하게 됩니다. 그 무게중심점을 기저면, 즉 서 있는 발바닥 내의 중앙에 유지시키기 위해 중심점이 바뀌는 것을 주도면밀하게 인지해야 합니다. 앞으로 드는 다리의 관절은 엉덩관절의 외회전 상태에서의 굽힘 상태입니다. 엉덩관절 굽힘의 운동범위는 약 90도로 골반의 기울기, 즉 후방 기울기를 하지 않아도 가능한 각도입니다.

이 부분에서 흔히 엉덩관절 굽힘의 길항근인 햄스트링의 유연성 부족과 다리의 무게를 들어 올릴 근력 부족으로 인해 골반을 후방으로 기울이고, 상체는 대충 적당한 위치에 둔 채로 동작을 하려는 오류를 범합니다. 이미 몸의 코어 상태를 확인하기보다 누가 더 높게 드는지만 신경을 쓰죠. 이 상태에서는 골반과 상체의 분절 연결이 깨지면서 갈비뼈가 벌어지고, 1차 곡선이 형성돼야 할 허리뼈가 비정상 1단계인 일자 허리뼈를 지나서 비정상 2단계인 후만곡 허리뼈에 이르게 됩니다. 그뿐만이 아닙니다. 무릎은 살짝 구부러져 제대로 편 상태를 유지하기가 어려워지며, 골반과 상체의 전반적인 위치가 기저면을 기준으로 뒤쪽으로 밀리게 됩니다. 결국 발바닥의 종자뼈를 바닥에 제대로 지지할 수 없게 됩니다. 데블로뻬 동작 한 번으로 내 몸 안에서 대참사가 일어나는 셈이죠.

만약 이 상태에서 드미 포인트 업을 해보면 새끼발가락 쪽으로 중심이 쏠리게 됩니다. 어떻게든 엄지발가락 쪽으로 중심을 옮기기 위해 발목은 외번(뒤집힘) 동작을 하게 되며 발허리뼈에 피로도가 쌓여서 최악의 경우 중족골 긴장 골절(metatarsal bone stress fracture)이 생기기도 합니다.

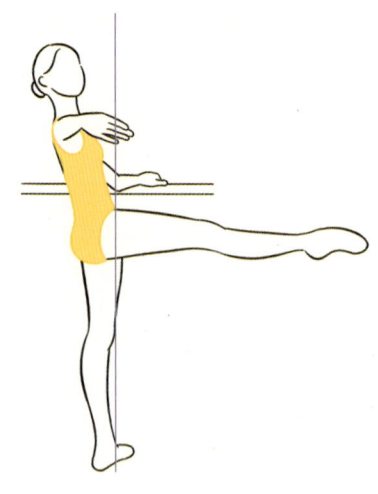

〈올바른 데블로뻬 드방〉

윤작가   우와! 선생님! 이 지침대로 여기까지 해보니까 쉬워진 부분이 있는 반면, 제가 인지하지 못하고 잘못된 방법으로 계속 반복했던 것도 있네요. 우선 중심 이동을 확실히 하니 워킹 레그가 한결 가벼워진 느낌이에요. 그동안 제 골반의 위치가 상당히 잘못된 상태로 다리를 움직였던 거네요. 예전에도 다리의 움직임을 수행할 때 코어가 중요하다고 생각은 했지만 나도 모르게 결국 손끝, 발끝에 좀 더 집중을 했던 것 같아요. 사실 제 주변에도 취미발레를 하다가 중족골 부상이 생긴 경우가 의외로 많았어요. 바로 이런 원인에서 비롯된 거였군요. 과연 이 상태에서 다리를 어떻게 들 수 있을까요?

간달프쌤 앞으로 다리를 들 때 다리에 미치는 중력값을 상쇄시켜 골반의 기울기와 위치를 유지하고 결과적으로 발과 지면의 접점을 유지하기 위해서는 우리 몸에서 논리적이며 바람직한 보상 움직임이 동반돼야 합니다. 이것을 위해 상체의 움직임을 생각해보죠. 어른과 아이가 함께 타는 시소를 연상해봅시다. 다리보다 상대적으로 질량이 무거운 상체와 머리를 함께 뒤로 기울입니다. 이때 상체를 무조건 뒤로 기울이는 것이 아니라 배곧은근에 강한 근속성 수축을 일으켜서 앞으로 드는 다리의 무겟값을 상쇄시킬 만큼 뒤로 버텨야 합니다. 이 동작이 정확하게 이뤄지려면 배(주로 여기서는 배곧은근)에 상당한 힘을 줘야 가능합니다.

이 동작을 제대로 수행한 몸의 라인을 측면에서 살펴봅시다. 골반의 위치는 서 있는 발보다 약간 앞쪽에 있게 보이지만, 실제 해부학 관점의 위치로는 발의 중심점과 골반의 위치가 일치하는 지점입니다. 골반과 발을 잇는 다리의 라인은 물론 무릎은 곧게 펴지고, 그 무릎을 펴기 위한 과도한 힘이 필요 없을 만큼 힘주기에 집중해야 합니다. 그리고 다리의 앞면 라인은 앞쪽 사선으로 기울어진 라인과 다리의 뒷면 햄스트링 쪽의 라인이 바닥 지면과 직각이 되는 라인이 됩니다. 상체는 허리가 휘어지지 않게 아랫배에서부터 배곧은근을 강하게 수축시켜 유지한 채 약 5~10도 정도 뒤로 기울어져 있습니다. 지금껏 상체를 항상 고정하고 수직으로 유지시킨 채 고개만 까딱거리며 부자연스러운 모습을 만들었다면, 올바른 방법을 활용하면 클로즈드 체인 상태가 되면서 치골 위부터 쇄골과 머리 측면 귀 뒤쪽으로 이어지는 흉쇄유돌근까지 연결된 근육들의 적당한 텐션을 느낄 수 있을 겁니다. 그리고 약간의 기울기가 만들어내는 자연스럽고 우아한 라인을 보게 될 것입니다.

인간의 몸은 항상 중력의 영향을 받고 있습니다. 중력과 몸 각 부위의 특성적인 모양과 구조의 움직임을 잘 이해하고 바르게 사용해야 더욱 건강하고 아름다운 라인을 가질 수 있습니다. 우리 몸에서 움직일 것과 움직이지 말아야 할 것을 제대로 구분하도록 합시다.

9강.
그랑 바뜨망 쥬떼(grand battement jeté)
도전! 다이내믹 스트레칭이라는 신세계

윤작가 대망의 그랑 바뜨망 쥬떼(grand battement jeté)에 도착했네요. 바 워크를 이렇게 하나하나 짚으면서 하니까 무엇 하나 소홀히 할 수가 없네요. 한껏 음악에 취해서 바 워크를 했던 것이 약간 부끄럽기도 해요.

간달프쌤 제가 앞에서도 계속 이야기했지만, 발레는 결국 춤을 추기 위한 것입니다. 그런데 많은 사람이 '춤'이라는 것에만 중점을 두고, 정작 자신이 하고 있는 동작이 무엇을 하기 위한 것인지를 잊는 경우가 종종 있습니다. 바 워크의 대부분이 그렇습니다. 쁠리에부터 그랑 바뜨망 쥬떼에 이르기까지 음악에 맞춰서 춤을 추기보다는 센터 워크를 하기 위한 신체의 치밀한 점검 상태라고 봐야 합니다. 윤작가가 이전에 그런 말을 한 적이 있죠? 바 워크는 어느 정도 하는데 센터 워크에서는 중심도 바 워크만큼 잘 못 잡고, 동작이 깔끔하지 않았던 것이 의문이었다고요. 그것이 바로 바 워크에서 자신의 몸 상태를 철저하게 점검하지 않았다는 증거입니다. 제대로 된 실력이라면 바 워크와 센터 워크의 수행 능력이 비슷해야 해요. 또 바 워크만 잘 된다고 하면 그것은 분명 자기도 모르게 바를 붙잡고 의지하고 있었다는 거죠. 그런 의미에서 그랑 바뜨망 쥬떼는 빠른 음악에 맞춰서 발을 뻥뻥 차는 동작이 아닌, 제대로 된 다이내믹 스트레칭을 점검하는 순서입니다.

윤작가 보통 그랑 바뜨망 쥬떼 동작의 박자가 살짝 격하면서도 빠른 편인데 여기에 우리가 하는 다이내믹 스트레칭을 겸한다고요? 어떻게 해야 효과적인 다이내믹 스트레칭을 할 수 있을까요? 그 순간의 전환점이 있을지도 궁금하네요.

간달프쌤 대부분의 사람이 발레를 연상하면 발끝으로 서고, 다리를 높이 들어 올리고, 높은 점프를 해서 회전하는 것을 떠올리죠. 이처럼 신체를 이용한 다양한 동작 중에서 다리를 들어 올려 유지하기 위해서는 유연성과 근력이 동시에 있어야 합니다. 아무리 유연성이 뛰어나도 근력이 없거나, 반대로 근력은 충분한데 유연성이 현저히 떨어진다면 다리를 들어 올려 유지할 때 머리 높이는커녕 단 몇 도도 만들지 못할 겁니다. 이 두 가지를 동시에 효과적으로 훈련할 수 있는 방법 중 하나가 그랑 바뜨망 쥬떼입니다. 이 동작을 통해 유연성과 근력을 동시에 향상시키고 순간적인 신경 제어 능력을 키운다면 차후에 정확하고 섬세한 동작을 구현할 수 있습니다. 그런데 보통 그랑 바뜨망 쥬떼를 할 때 차 올리는 다리의 높이에만 초점을 맞추기 쉽죠? 원리를 모르고 그저 온몸을 이용해 조절되지 않은 동작을 백날 해봤자 이상적인 신체 라인을 가질 수 없습니다.

윤작가 보통 유연성과 근력을 상반된 개념으로 생각해서 동시에 향상하는 방법은 흔하지 않을 거라 여겼어요. 클래스마다 빼놓지 않고 연습하던 그랑 바뜨망 쥬떼를 잘하면 두 가지 전부 좋아질 수 있다니 이것이야말로 일석이조군요. 그 올바른 방법을 어서 알고 싶어요.

간달프쌤 차근차근 익혀보도록 합시다. 바 워크 처음부터 계속 강조했던 게 중심 이동과 스탠딩 레그와 워킹 레그의 구분이었죠. 논리적인 무게중심의 이동과 포즈의 상태에 따른 무겟값 변화를 적절하고 이상적인 보상으로 해결해야 한다고도 했어요.

보통 그랑 바뜨망 쥬떼를 할 때 주로 서 있는 다리의 무릎을 굽히지 말라는 주의를 줍니다. 또 허리를 곧게 유지하며 옆으로 동작을 할 때는 머리나 어깨가 한쪽으로 기울어지지 않게 하고, 다리를 차 올릴 때 반동을 이용하지 말라고 합니다. 이런 주의에도 불구하고 근력과 유연성이 부족하면 몸을 써야 할 부분과 쓰지 말아야 할 부분을 명확하게 구분하지 못한 채 잘못된 패턴으로 동작을 계속 수행합니다.

우선 스탠딩 레그의 무릎이 구부러지는 것은 드방 동작을 할 때 자주 발생합니다. 워킹 레그의 엉덩관절을 굽히는 근력이 약하고, 여유 있게 펴져야 하는 넙다리두갈래근 햄스트링이 충분히 늘어나지 않기 때문이죠. 이런 상태인데도 다리를 높이 차 올리려는 의지만 가지고 워킹 레그의 엉덩관절 운동범위 따위는 하얗게 지워버립니다. 그러고는 골반을 뒤로 기울이고, 상체를 무조건 똑바로 유지한다는 마음에 허리를 은근히 구부리죠. 그러면 허리뼈 곡선이 순간적으로 없어지고 스탠딩 레그는 뒤로 기울어지는 골반에 맞춰져 무릎이 함께 구부러지는 연쇄반응을 일으킵니다. 물론 스탠딩 레그에 나름 힘도 많이 주고 상체를 유지하려고 노력했겠죠.

그러나 그저 유지하기 위해 처음부터 동일한 힘만 주면 된다고 생각했겠지만, 그랑 바뜨망 쥬떼를 한 번 수행하는 동작 속에 네 번 이상의 신체 컨트롤을 해야 한다는 것을 알고 계셨나요? 쉬운 예를 들어보겠습니다. 음료수의 뚜껑을 한 손으로만 돌려서 열 수 있을까요? 시계 반대 방향으로 돌려야 하는 뚜껑을 열려면 다른 한 손으로 병을 잡고 시계 방향으로 힘을 주면서 버텨야 합니다. 여기서 버틴다고 표현했지만, 뚜껑이 열리는 반대 방향으로 비슷한 힘을 주고 있는 거죠. 이렇게 사소한 동작 하나에도 힘을 쓰는 방향과 타이밍이 세밀하고 정확하게 맞아야 합니다.

윤작가   선생님, 한 번의 그랑 바뜨망 쥬떼 안에 네 번 이상의 신체 컨트롤이 포함되어 있다는 말이 충격적이네요. 마지막에 말씀하신 병뚜껑 여는 원리를 떠올리니 이해가 잘 되고요. 워킹 레그와 스탠딩 레그 상호 간의 작용과 반작용 같은 것이 일어나야 할 것 같네요. 제대로 된 그랑 바뜨망 쥬떼를 해보고 싶은걸요?

간달프 쌤 제대로 된 그랑 바뜨망 쥬떼 드방을 함께 해보죠. 우선 바뜨망 땅뒤 드방을 할 때 상황을 떠올려봅시다. 오른발 앞 5번 발에서 뒷발로 무게중심을 옮기고 앞으로 나갈 다리를 대비해 상체를 뒤로 버티는 보상을 해줍니다. 이때까지 여전히 왼발의 종자뼈로 강하게 바닥을 누르고 있어야 합니다. 또 골반의 세움이 유지되고 허리를 포함해 상체가 뒤로 휘어지지 않도록 아랫배에서 머리까지 단단히 뒤로 버티는 상태를 만듭니다. 이때 오른발은 바닥에 댄 채, 무게중심을 왼발로 옮겨야 하고, 더 이상 상체가 뒤로 넘어가지 않게 상체의 복근에 힘을 줘서 유지해야 하죠. 여기까지가 바로 땅뒤, 데가제, 그랑 바뜨망 쥬떼 등의 동작 직전 준비 상태입니다. 드방 동작으로 다리를 들거나 나갈 때의 시선과 상체의 기울기 정도입니다. 이제 한번 차는 것을 시작해볼까요?

이때 오른쪽 다리 엉덩관절의 굽힘근 중 엉덩허리근(장요근)을 가장 적극적으로 사용해야 하지만 상당히 몸 안쪽에 자리 잡고 있기 때문에 면밀히 인지하기가 어렵습니다. 대신 다리를 앞뒤로 움직일 때 굽힘근 그룹 중 협력근으로 넙다리네갈래근과 넙다리빗근(봉공근)의 힘줄을 골반의 위앞엉덩뼈가시 바로 아래까지 사용해야 합니다. 이는 곧 골반과 넙다리뼈를 잇는 엉덩관절이 정확하게 움직인다는 증거입니다.

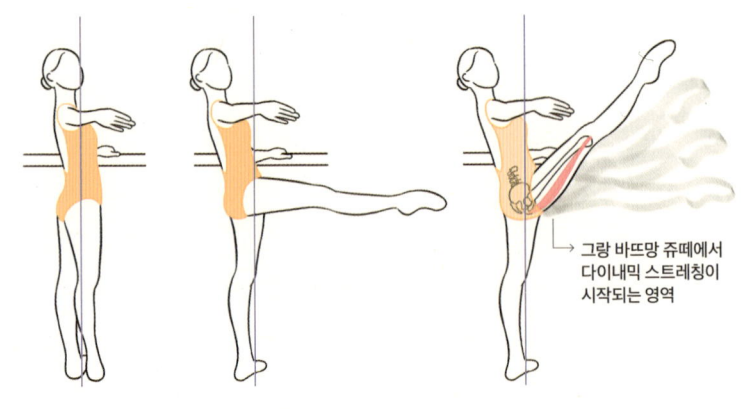

→ 그랑 바뜨망 쥬떼에서 다이내믹 스트레칭이 시작되는 영역

〈그랑 바뜨망 쥬떼 드방〉

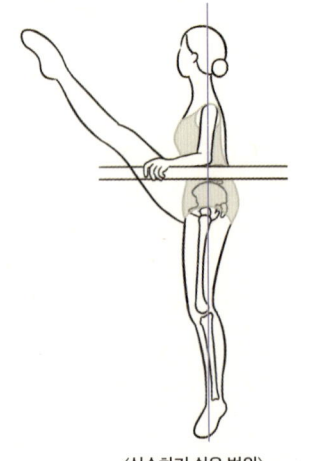

〈실수하기 쉬운 범위〉

드방 동작 자세의 적절한 시선 기울기를 유지하며 동작을 하기 위해서 굽힘근을 수축시켜 오른쪽 다리의 엉덩관절을 접는 순간, 골반 세움과 상체의 버팀을 위해 더욱 힘을 줘야 합니다. 그러면서 서 있는 다리의 햄스트링을 순간적으로 긴장시켜 엉덩관절이 구부러지지 않게 해야 하고요. 서 있는 다리의 햄스트링에 텐션을 줘야 엉덩관절이 풀려 무릎이 구부러지는 것을

방지할 수 있습니다. 드디어 오른쪽 다리를 차올리고 이어서 관절 운동범위의 한계점에 다다를 때쯤 다시 한번 처음에 썼던 힘을 더욱 가중시킵니다. 찰나에 머무는 순간 오른쪽 다리 햄스트링에서는 강한 텐션이 느껴져야 합니다. 바로 이 순간이 그랑 비뜨망 쥬떼의 가장 중요한 정점이기 때문이죠.

강한 텐션을 느끼며 올려 차고, 그 반동으로 다리가 스프링처럼 튕겨져 내려올 때 짧은 순간이지만 발끝까지 곧게 뻗고 턴 아웃된 다리의 라인을 분명히 볼 수 있습니다. 짧은 순간의 이미지가 시각적인 잔상으로 남는 것이며 이 시간이 짧으면 짧을수록 더욱 강한 이미지로 남게 됩니다. 발레 동작 중에는 이런 식으로 우리의 뇌와 신경을 교묘하게 이용해 시각화하는 동작들이 많이 숨어 있습니다. 이 부분은 '번외 4편. 보이는 것을 보이는 대로 믿지 말라, 그랑 쥬떼'에서 좀 더 살펴보도록 하죠.

어쨌든 근력 운동과 스트레칭에 있어서 이 순간에 능동적 발리스틱 스트레칭의 효과가 나타납니다. 이후 튕기듯 내려오는 다리를 막무가내로 5번 발까지 착륙시키는 게 아닙니다. 약 45도 지점인 데가제 높이에 왔을 때 다시 한번 처음의 힘을 써줍니다. 이때는 뒤로 버틸 때 사용한 복근과 엉덩관절의 굽힘근을 잡아주며, 강하게 떨어지는 다리의 스피드를 빠르고 안정적으로 감속시킵니다. 곧게 펴고 완벽하게 턴 아웃된 다리가 바닥에 포인트된 발끝에 닿자마자 이번엔 워킹 레그의 햄스트링을 수축시키며 스탠딩 레그 쪽으로 강하게 당겨 5번 포지션으로 들어오게 만듭니다. 순서상 한 번으로 한 방향을 끝낸다면 바를 잡고 있던 손이 아닌 복근과 서 있는 발바닥을 사용해 두 발 중심으로 무게중심을 이동합니다. 2회 이상 쥬떼를 차는 경우에는 마지막 동작 2회나 3회를 마치고 난 후 두 발에 무게중심을 둬서 마무리를 하면 됩니다.

대부분 그랑 바뜨망 쥬떼를 할 때 워킹 레그에만 집중해서 오히려 더욱 중요한 역할을 하는 스탠딩 레그를 간과하기 쉽습니다. 워킹 레그와 스탠딩 레그의 기능을 정확히 사용해 그랑 바뜨망 쥬떼를 수행하면 근력과 유연성 향상과 동시에 중심을 컨트롤할 수 있는 발바닥근의 신경 기능 향상과 근력의 발달까지 종합선물세트로 얻을 수 있다는 것을 기억하세요.

intermission
숨 고르고, 다시 도약

자고로 인간이란 참으로 간사하면서도 영악한 존재다. 한편으로는 어떤 상황에나 적응을 잘하기도 한다. 발레 하나 좋아서 앞뒤 가리지 않고 달릴 땐 온 세상이 발레로만 보였다가 된통 다치고 나서 정신을 차려 보니 좀 다른 세계가 펼쳐진 기분이 들었다. 어쩌면 부상이 없었다면 알아차리지 못했을지도 모를 세계였다. 예전과 같은 신체적 기능으로 발레를 할 수 없었기에 현재 내 몸에 나타난 문제점을 객관적으로 살펴볼 수 있었고, 부상 재발 방지를 위해 노력을 쏟게 됐다. 눈에 보이는 결과에 집착해 과정을 간과해온 마음을 전부 내려놓고 처음부터 차곡차곡 쌓아나간다는 마음으로 다시 시작했다.

바 워크도 물론 발레의 중요한 일부다. 이 동작의 연속성을 통해 발레 동작을 하는 기쁨에 취할 수도 있다고 여겨왔다. 하지만 지금은 바 워크를 할 때 조금 다른 기분으로 임한다. 발레는 결국 바 워크에서 끝나는 것이 아니다. 궁극적으로 플로어에서 춤을 추는 것이 목적이 돼야 한다. 바 워크와 센터 워크는 분리된 것이 아니라 하나의 연계적인 고리 안에 들어 있다. 센터 워크를 잘하려면 바 워크를 잘해야 하고, 바 워크에서의 효율성을 높이기 위해서 매트 운동이나 워밍업을 하는 것이다. 너무나 당연한 이야기 같지만, 내 상태를 가만히 들여다보면 바 워크 중에서도 유독 어떤 동작을 더 선호하고, 센터 워크에서도 좀 잘되는 동작에 신이 나서 박차를 가하기도 했다. 무엇보다 모든 동작이 하나의 연속성을 가지는 것을 잊지 말아야 한다.

예를 들어 자기가 잘되는 동작에 기준점을 맞춰놓고, "난 ○○ 동작은 잘돼!"라면서 자신의 수준을 단정 짓기 쉽다. 만약 어떤 동작은 굉장히 잘되는데 어떤 동작은 굉장히 잘 안된다면, 자신의 전반적인 상태는 굉장히 안되는 그 동작의 수준에 머물러 있는 것이다. 이것은 발레 하는 사람의 사기를 떨어트리는 멘트가 아니라 중장기적으로 봤을 때 부상을 방지하는 하나의 예방책이다. 발레는 하나만 잘해서 되지 않는다. 클래스에서 배우는 모든 것이 유기적으로 작용할 때 하나의 동작을 완성할 수 있다. 발레를 좀 배워본 사람은 안다. 발레에서 걸어 나오는 워킹 동작과 제대로 된 레베랑스(révérence)가 가장 간단해 보여도 의외로 가장 어려운 것 중 하나라는 사실을….

봄, 여름, 가을, 겨울… 사계절이 뚜렷해서 좋다 못해 다채로움의 끝판왕인 대한민국. 나이가 들수록 한 해가 가는 속도는 거의 고속열차 수준이다. 그런데 그 계절 중 하나가 좋다고 해서 다른 계절이 오지 않을까?

좋아하는 계절은 오히려 너무 빨리 지나가서 아쉬울 정도다. 그 번잡스러움 가운데 가장 신기한 것은 자연의 섭리다. 나무는 가지에 싹을 틔웠다가 꽃을 피우고, 열매를 맺고, 단풍을 들이더니 겨울이 되면 모든 잎을 떨군다. 앙상한 가지로 혹한의 날씨를 견디고 계절의 종말이 왔다고 여기다 보면 다시 봄이 찾아온다. 우리가 입은 옷으로 계절을 깨닫기 전에 봄을 성급하게 알려주는 것은 다시금 나뭇가지의 그 새싹이다. 즉, '봄여름가을겨울'이라는 한 단락으로 끝나지 않고, 계절은 연속으로 이어져 있다.

당신의 발레는 어느 계절에 속해 있는가? 무조건 한 계절에 머물러 있지 말고 더 나은 것을 위해서 계속 흘러가야 한다. 그런 의미에서 본다면 내가 서 있는 발레의 계절은 겨울이 아닐까 싶다. 겨울은 멈춤의 계절이 아니다. '다시 봄'을 맞기 위해 내재된 에너지를 모든 가지 안에 꽁꽁 담고 있는 계절. 혹시 자신의 발레 생활이 잎이 무성하기만 해서 제대로 된 열매를 맺을 수 없다면, 이쯤에서 과감한 가지치기를 해야 하지 않을까 싶다. 자신이 지니고 있는 많은 가지를 쳐내길 바란다.

제대로 된 도약을 위해서는 제대로 숨 고르기를 하는 단계가 필요하다. 그것이 자연 섭리의 당연한 이치다.

심화

어디까지 알고 있었니?

심화 1편.
어깨 관절과 팔꿈치의 과학적 원리, 포르 드 브라(port de bras)

발레를 하면 듣게 되는 생소한 용어 중 '포르 드 브라(port de bras)'도 빠질 수 없다. 포르 드 브라는 팔 동작을 의미하며 발레에서 매우 중요한 부분을 차지한다. 발레를 잘 모르는 사람이 봐도 발레 동작에서 포르 드 브라가 정돈되면 시쳇말로 그냥 '게임 오버'다. 뭔지 모르게 고급스럽고 우아한 무용수의 움직임을 보고 있으면 정말 '팔이 열일을 하고 있구나!'란 생각이 절로 든다.

    발레에서 하체(다리)는 이동의 수단이고, 상체 동작 중에서도 포르 드 브라는 표현의 수단이다(단, 현대 무용에서는 발레와는 다른 대조적인 움직임을 갖는다). 그렇다고 막연히 다리는 이동, 팔은 표현이라는 이분법도 성립되지 않는다. 점프나 회전 동작에서 포르 드 브라의 동반 여부에 따라서 확연히 다른 결과가 나오기 때문에 팔과 다리를 이분법으로 구분할 것이 아니라 기능과 역할에 대해 좀 더 구체적으로 알아야 한다. 그렇다면 포르 드 브라의 구조적, 기능적 그리고 실질적인 발레 동작의 적용에 대해 속 시원히 해결해보자.

팔의 구조와 움직임 분석

척주(등골뼈, vertebral column)는 목뼈(경추), 등뼈(흉추), 허리뼈(요추), 엉치뼈(천골), 꼬리뼈(미골)가 하나로 이어진 기둥이다. 그중 갈비뼈가 붙어 있는 열두 개의 척추뼈를 등뼈라고 한다. 뒤로는 등뼈, 앞으로는 가슴 한복판에 있는 복장뼈(흉골)를 잇는 갈비뼈가 양쪽으로 둥글게 몸을 에워싸서 안으로는 주요 장기를 보호하며 상체 외형의 형태를 갖춘다.

다시 앞쪽으로는 제1갈비뼈 위쪽에 빗장뼈(쇄골)와 뒤쪽으로는 제2에서 제7갈비뼈 위에 어깨뼈(견갑골)가 위치한다. 상체의 앞뒤에 있는 빗장뼈와 어깨뼈 끝이 만나는 지점에서 위팔뼈(상완골, humerus)와 어깨관절(shoulder joint)이 만나 위팔뼈 끝으로 자뼈(척골, ulna), 노뼈(요골, radius)가 연결되고 또 그 끝에 여러 개의 손목뼈와 함께 손가락을 이루는 여러 개의 마디뼈가 합쳐져 손의 형태를 이룬다. 이런 구조를 갖춘 팔은 목뼈와 등

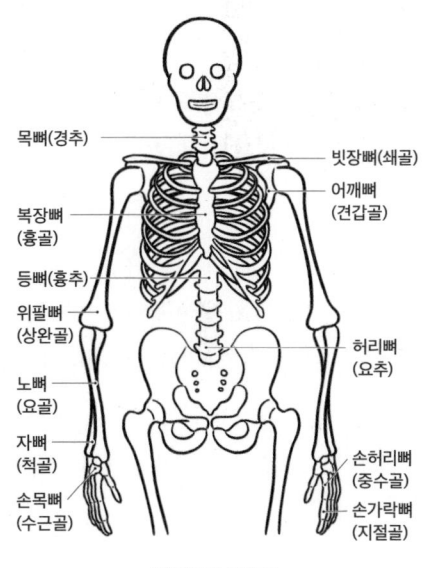

〈인체 상체 골격계〉

뼈 중추로부터 나온 말초신경을 통해 운동과 감각의 기능이 조절된다.

몸통과 팔을 이어주는 어깨관절의 움직임은 특별한 양상을 띤다. 엉덩관절과 비슷한 '볼'과 '소켓'으로 연결된 관절이지만, 두 뼈가 닿는 관절의 면적이 지극히 작아서 엉덩관절보다 매우 불안정한 관절이다. 그렇기 때문에 팔의 기능을 높이려면 구조를 잘 이해하고 사용해야 한다.

1) 어깨관절의 움직임을 알기 위해서는 우선 손바닥이 전면을 향하게 한 채 차렷 자세로 팔 전체를 몸에 붙게 하는 해부학 자세(anatomy position)로 선다.
2) 그 상태로 전면에서 보았을 때 팔을 몸통의 바깥 방향으로 옆으로 들어 위로 향하게 벌린다(외전, 즉 양팔 전체로 큰 원을 그린다고 상상하라).
3) 이 과정에서 팔이 몸에서 떨어져 45도 지점에 이를 때까지 어떠한 부위도 움직이지 않고 오로지 어깨관절로만 움직인다(이때 어깨뼈가 들썩이지 않도록 주의!).
4) 팔이 45도 이상 넘어가면 팔과 어깨뼈에서 2:1의 비율로 상방 회전이 일어난다. 이때 어깨가 올라가지 않게 주의한다.
5) 이후 약 100도를 지나면 어깨관절 자체가 미끄러지듯이 내려가는 움직임이 일어난다. 특히 마지막에 팔을 들 때 어깨 통째로 힘을 주거나 빼는 것이 아니라 어깨관절이 작용하도록 미세하게 집중해보자.

이 모든 움직임이 자연스럽게 일어났을 때 가장 이상적인 팔의 움직임이 이뤄진다.

　신체 구조상 이상적인 척추 곡선이 어깨뼈의 올바른 위치를 결정한다. 기본적으로 척추와 갈비뼈의 위치에 따라서 어깨뼈의 위치와 상태가 결정된다. 그러므로 억지로 어깨뼈를 가운데로 모으려 한다거나(어깨뼈를 모은다면서 갈비뼈를 대서양만큼 벌리는 오류를 저지르기 쉽다) 어깨를 억지로 낮추려고 애쓰지 말고 몸의 전반적인 자세를 바르게 잡도록 하자.

　발레에서 일반적으로 팔은 발의 포지션과 함께 일정한 포즈를 만든다. 또 동작의 과정에서 더 원활하고 어울리는 움직임을 만들기 위해 코디네이션을 이루고, 이를 통해 하나의 동작을 완성시킨다. 발의 규정화된

〈포르 드 브라 아롱디〉

〈포르 드 브라 알롱제〉

포지션과 마찬가지로 팔에도 포지션이 정해져 있다.

팔의 포지션에는 앙 바(준비 포지션), 앙 아방(1번 포지션), 알 라 스꽁드(2번 포지션), 앙 오(3번 포지션, en haut), 이렇게 네 가지의 포지션이 있으며 알롱제(늘린), 아롱디(둥근, 둥근 팔, arrondi)를 이용하고 조합해 보다 다양한 포즈들을 만들어낸다.

아롱디는 기본 팔 포지션을 할 때 약간 둥글게 만드는 팔 모양 자체를 의미하고, 알롱제는 아라베스크 자세를 할 때 앞과 옆으로 늘여 길게 뻗는 팔의 모양을 의미한다. 이 두 가지 팔 모양만 정확하게 사용해도 보다 아름다운 라인을 만들어낼 수 있다. 1번 포르 드 브라인 앙 바, 앙 아방, 앙 오, 알 라 스꽁드를 습관적으로 동작해왔다면 이번에는 개념과 올바른 움직임의 방법을 꼼꼼히 살펴보자.

우선 준비 포지션인 앙 바는 동작의 시작이나 끝의 단계 이외에는 가급적 남발하지 않는다. 예를 들어 여러 동작의 연결 중 똥베를 거쳐 아라베스크 포즈를 취할 때 팔을 앞으로 모아 펴는 동작을 한다고 가정하자. 앙 바, 앙 아방 과정을 거쳐 해당 아라베스크의 팔 포지션을 취할 때 앙 아방은 거치지만 앙 바는 거치지 않아야 한다. 밑에서부터 팔을 모아 올리는 듯한 움직임은 앙 바가 아니라 앙 아방을 만들기 전 훅 업(hook up), 즉 약간 퍼올리는 듯한 동작이다. 습관적으로 앙 바를 거치는 것은 이 동작을 잘못 사용한 대표적인 경우다. 바가노바 메소드(vaganova method)에서 나머지 팔 포지션에는 1~3번까지의 팔 번호를 지정하지만, 유독 앙 바 포지션에만 '준비 포지션'이라고 명칭을 붙이는 이유가 바로 그것이다. 동작 중 팔이 앙 바의 위치에 무분별하게 가는 것만 자제해도 훨씬 보기 좋고 편한 움직임이 될 것이다.

보통 습관적으로 알 라 스꽁드에서 앙 바로 내려 동작을 마무리할 때나 다른 포지션으로 바뀔 때 알롱제를 하면서 움직인다. 팔의 높이에 따라 하이(high), 미들(middle), 로우(low)로 레벨을 나눈다고 하면 미들에서 로우 레벨로 내려갈 때는 알롱제를 거쳐서 가는 규칙에 따르는 것이다. 이때 알롱제의 동작을 바르게 해서 모양이 잘 나온다면 훨씬 좋은 라인과 움직임을 표현할 수 있다.

이번에는 포르 드 브라 알 라 스꽁드를 정리해보자. 우선 팔꿈치를 해부학 자세에서 90도로 구부려보자. 이때 두 가지 방법으로 움직여본다. 하나는 팔꿈치가 몸에 그대로 붙어 있도록 유지한 상태에서 앞으로 구부러진 아래팔이 옆으로 향하게 움직인다. 이때 어느 관절이 어떻게 움직이는지 살펴보자. 팔꿈치가 몸에 여전히 붙어 있고 손바닥이 하늘을 향해 있는 자세를 유지한 채 동작을 수행했다면 어깨관절이 외회전, 내회전하는 것을 느낄 수 있을 것이다.

이번에는 하늘을 향해 있던 손바닥을 위아래로 뒤집으면서 움직여보고 어느 부위가 또 어떻게 움직이는지 살펴보자. 아마도 팔꿈치가 돌아가는지, 손목이 돌아가는지 명확하게 구분되지 않을 것이다.

이때의 움직임은 안쪽 회전, 바깥쪽 회전의 움직임이다. 상완(팔꿈치에서 어깨까지)은 위팔뼈라는 한 개의 뼈로 이뤄져 있지만, 손목은 아래팔의 자뼈와 노뼈라는 두 개의 뼈가 11자로 나란히 돼 있고 엑스자로 서로 교차하는 방식으로 움직인다. 따라서 아래팔 전체가 움직이는 동작의 결과로 손바닥이 향하는 방향이 바뀐다. 어깨관절의 내회전과 외회전, 그리고 아래팔뼈의 안쪽 회전, 바깥쪽 회전 두 가지 움직임에 의해 아롱디와 알롱제의 팔 포지션을 만드는 것이다.

- **알 라 스꽁드의 아롱디:** 해부학 자세상에서 팔꿈치를 약간만 구부려 전체적으로 팔을 둥근 느낌이 들게 한 채 그대로 옆으로 들어 외전시켜보자. 이때 팔꿈치는 몸의 뒤쪽을 향하고 손바닥은 앞쪽을 향하게 하는 것이 중요하다. 이 상태로 손가락을 포함한 손바닥은 자연스럽게 힘을 빼서 유지한다.

- **앙 오의 아롱디:** 알 라 스꽁드 상태에서 아래팔의 움직임은 사용하지 않은 채 그대로 어깨 관절만을 사용해 팔꿈치는 바깥쪽을, 손바닥은 안쪽을 향하게 해서 팔을 위로 올린다.

- **앙 아방의 아롱디:** 앙 오의 아롱디에서 팔꿈치가 바깥을 향하고 손바닥이 자신의 몸을 향하게 팔을 앞으로 든다.

- **알 라 스꽁드의 알롱제:** 알 라 스꽁드 포지션에서 어깨관절을 외회전시켜 뒤를 향하던 팔꿈치가 아래를 향하고 그 상태를 유지한 채 어깨관절을 외회전시킴으로써 앞을 향하고 있다가 위를 향하게 된 손바닥을 아래팔을 사용해 안쪽으로 회전시켜서 아래를 향하게 한다. 이때 어깨뼈를 과도하게 사용하지 말고 어깨관절의 미세한 회전에 집중하면서 전완의 두

뼈가 마치 빨래 짜듯이 돌아가는 움직임을 만든다.

이러한 방법으로 각 포지션마다 아롱디와 알롱제를 정리해보면 다음과 같다. 우선 어깨 관절과 전완의 움직임을 동시에 능숙하게 전환할 수 있게 연습하고, 다음의 네 가지 방법으로 전환 연습을 해보자.

1) 아롱디에서 알롱제를 거쳐 아롱디로(arrondi → allongé → arrondi)
2) 알롱제에서 아롱디를 거쳐 알롱제로(allongé → arrondi → allongé)
3) 아롱디에서 알롱제로(arrondi → allongé)
4) 알롱제에서 아롱디로(allongé → arrondi)

관절과 근육의 정확한 움직임을 인지하고, 포르 드 브라를 분명하게 연습해야 한다. 그리고 다리의 움직임으로 만들어지는 중심 이동 동작들과 함께 코디네이션을 한다면 지금까지 해온 것보다 훨씬 효율적이고 아름다운 움직임을 완성할 수 있다.

심화 2편.
힘의 완벽한 평형 상태,
아라베스크(arabesque)

보행 원칙 기본 중의 기본 중의 기본

누구나 걷는다. 굳이 가르쳐주지 않아도 같은 팔, 같은 다리가 나가지 않고 팔과 다리를 엇갈려 걷는다는 것을 자연스럽게 습득한다. 왼발이 앞으로 나갈 때 자연스럽게 오른팔이 나가고, 오른발이 앞으로 나갈 때 왼팔이 나간다. 보행 중에 허리를 꼿꼿이 세우고 가슴을 펴고 걸어야 한다는 것도 알고 있다. 이렇게 자연스럽게 보행하는 가운데 인간의 골반은 상당히 정교하게 움직이며 전방 40도 한도 내에서 모멘트(회전력)가 발생한다. 어렵게 생각할 필요 없다. 우리가 자연스러운 보행을 하면 몸 안에서 자동으로 이러한 회전이 생기도록 세팅되어 있다.

'보행'을 좀 더 자세하고 과학적인 접근으로 풀이해보자. 보행의 메커니즘은 두 다리가 서로 앞뒤로 교차하면서 바닥을 지지하는 다리의 엉덩관절이 익스텐션(다리를 뒤로 뺄 때 엉덩관절이 뒤쪽을 향하는 방향, extension)하면서 추진력을 얻어 앞으로 나아가는 것이다. 이때 원활하고 효율적인 엉덩관절의 움직임을 위해 엉덩관절뿐만 아니라 엉치엉덩관절(천장관절: 골반과 엉치뼈가 만나는 관절, sacroiliac articulation)의 회전 움직임이 발생한다. 이어서 골반 전체의 좌우가 반복해 앞뒤로 회전하며 움직이고, 이때 어깨의 방향이 앞을 향해 유지하도록 척추뼈들에서도 전반적인 회전 움직임이 생긴다. 그리고 반복되는 하반신 쪽 움직임의 균형을 잡기 위해 양팔이 리드미컬하게 앞뒤 교차를 한다. 신체 전반에 걸쳐 일어나는 복합적인 움직임 속에서 자연스러운 관성, 작용과 반작용으로 인한 중심 이동이 발생한다. 동시에 밸런스를 맞춰서 안정적으로 움직일 수 있도록 신체 내부에서는 끊임없이 자율적으로 조절을 한다.

우리가 아는 많은 운동 동작을 떠올려보자. 달리기 동작, 수영의 자유형 스트로크와 다리 킥의 동작, 볼링 투구 후 마무리 동작, 야구의 투수 투구 동작과 타자 스윙 동작, 골프의 스윙 동작…. 대부분 안정성을 갖추기 위해 상체와 하체에서 모멘트 또는 토션이 발생하고, 그 중심에는 골반회전각의 역할이 작용한다.

발레 중에서도 제대로 하기 어려운 아라베스크(arabesque)를 설명하면서 왜 누구나 할 줄 아는 보행에 관한 이야기를 할까? 지금부터 우리가 가지고 있는 아라베스크에 관한 심각한 오해의 베일을 벗기고자 한다. 이 부분을 읽고 나서 아라베스크의 간단한 원리를 이해하고 시도한다면 어떤 부분을 어떻게 써야 좋은 라인이 나오고, 부상을 당하지 않는지 자연스럽게 알게 될 것이다.

그러면 아라베스크의 사전적 의미는 무엇일까? 아라베스크란 아라비아풍이라는 의미로, 이슬람 사원의 장식, 공예품 등에서 찾아볼 수 있는 무늬 양식, 완만한 접시 모양의 문양을 뜻한다. 아라베스크는 미술과 건축 양식뿐만 아니라 음악에도 사용되고 발레에도 사용된다. 발레의 아라베스크는 아라비아 문양에 등장하는 아치형을 연상하면 되는데 나뭇잎의 곡선이나 소용돌이의 형태에서 유래했다고 한다. 체육학 용어로는 외발서기 자세의 하나라고 규정하지만, 발레의 형태로 설명한다면 자연에서 나온 유려한 곡선인 동시에 인위적인 느낌 없이 물 흘러가는 듯한 자연스러움이 수반된 자세를 말한다.

발레를 하는 사람이라면 누구나 아름다운 아라베스크 라인을 꿈꾼다. 아라베스크를 잘하기 위한 세 가지 요소를 살펴보자.

1) 유연한 허리 라인과 꼿꼿한 상체
2) 서 있는 다리의 완벽한 턴 아웃과 꼿꼿이 편 무릎
3) 90도 이상 들어 올린 다리와 발끝이 아름답게 턴 아웃된 상태

이것이 이상적인 아라베스크 라인이다. 그렇지만 실제로 해보면 이 자세가 쉽게 나오지 않는다. 이상적 라인만을 꿈꾸며 중요한 점을 놓치고 있으니 아라베스크가 아닌 '아라베스크 비슷한 라인'으로 멈춰 있기 때문이다. 몸의 중심에서 가장 중요한 요소를 스킵하고 발레의 결과에 해당하는 라인만 신경을 쓰는 사람도 부지기수다. 결국 제대로 된 핵심을 빠뜨린

채 신체의 말단인 손끝 발끝에만 집중하기도 한다.

　　올바른 아라베스크를 위한 실습을 해보자. 거울을 옆에 두고 한 손 왼손 바 상태에서 5번 발 기본으로 설 때 아라베스크를 해야 하므로 오른발을 뒤에 놓고 선다. 준비 2강의 충격적인 턴 아웃에 대한 이야기가 기억나는가? 그렇다면 스탠딩 레그의 발목을 죽기 살기로 180도 턴 아웃 하지 말고, 현재 자신의 엉덩관절로 조절 가능한 정도의 턴 아웃으로 자연스럽게 선다(현재 스탠딩 레그는 왼쪽 다리다). 이때 엉덩이에만 힘을 꽉 주지 말고 엉덩이 속근육, 엉덩관절에 집중하며 제대로 된 자세로 선다. 특히 위에서 언급한 대로 골반을 정면으로 나란히 놓지 말고, 5번 자세에서 자연스럽게 골반회전각이 나오도록 선다. 지금까지 상태를 설명한다면 오른발이 뒤로 간 5번 발이라면 위에서 봤을 때 왼쪽 골반이 자연스럽게 오른쪽 골반보다 살짝 앞쪽을 향해 있게 된다. 이 상태에서 어깨를 정면으로 놓고 바르게 선다.

　　자, 이제 오른쪽 다리를 뒤로 올리는 아라베스크를 시도할 것이다. 팔은 1번 아라베스크, 2번 아라베스크를 크게 신경 쓰지 말고, 자신 없으면 왼손으로 바를 가볍게 잡는다(그렇다고 절대 바를 꼭 잡고 의지해서는 안 된다!).

　　서 있는 쪽 발을 무조건 180도 턴 아웃으로 고집하지 말고 자신이 할 수 있는 각도로 잡은 채 천천히 오른쪽 다리를 든다. 이때 서 있는 다리의 엉덩관절과 햄스트링이 말 그대로 꽉! 잠기는 느낌이 들어야 한다. 다리를 든다고 해서 서 있는 쪽 갈비뼈를 풀면 안 된다. 서 있는 쪽 갈비뼈가 풀어지지 않게 최대한 죽을힘을 다해 잡고, 복근을 팽팽하게 당겨야 한다.

아라베스크를 할 때 가장 범하기 쉬운 오류가 척주세움근을 사용하는 것이다. 심지어는 허리 근육을 강화한다고 엎드린 상태에서 상체만 세우는 역윗몸일으키기를 하기도 한다. 역윗몸일으키기를 할 때 허리 근육을 주로 사용하면 오히려 세움근이 수축되는 결과를 낳는다. 역윗몸일으키기는 배곧은근(복직근)을 사용하는 것이 핵심이다. 상복부와 하복부를 세로로 길게 연결한 근육이 배곧은근인데 흔히 11자 복근이라고 일컫는다. 역윗몸일으키기를 할 때 복근을 포기하면 갈비뼈가 벌어지곤 한다. 만약 발레를 정말 열심히 했는데 자신의 흉곽, 특히 갈비뼈 부분이 발레를 하기 이전보다 줄어들지 않았다면 필히 갈비뼈를 벌리면서 동작하는 습관을 가진 것이다. 제대로 코어를 잡지 않았다는 증거이기도 하다. 이럴 때에는 복근에 힘을 주고 갈비뼈를 최대한 조인 채 역윗몸일으키기를 해 보라. 각도는 중요하지 않다. 단 30도를 들더라도 제대로 된 동작으로 해야 자신의 몸을 지킬 수 있다.

오른쪽 다리의 각도를 조금이라도 더 높이겠다고 상체를 모두 무너뜨리지 말고, 지킬 것을 다 지키고 다리를 들어야 한다. 보행을 비롯해 모든 동작에서 사용되는 골반회전각을 자연스럽게 사용해 다리를 들어 올리되, 서 있는 쪽의 엉덩관절과 갈비뼈, 복근은 정말 맹렬하게 일을 해야 한다. 또한 다리를 들어 올리는 운동 방향이 안정감을 얻으려면 서 있는 다리와 갈비뼈 복근의 밸런스가 맞아떨어져야 한다. 힘의 밸런스를 위해서 세 점이 각자의 방향에서 힘을 분해한다고 보면 된다. 고등학교 시절 배웠던 힘의 벡터를 연상하면 좋다.

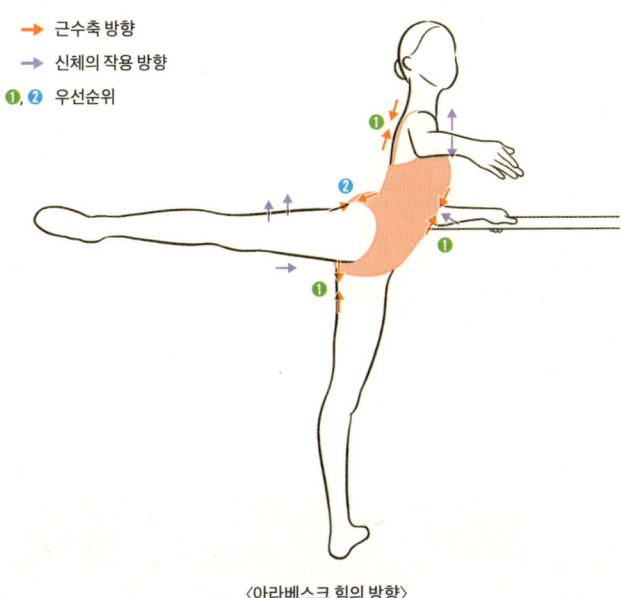

〈아라베스크 힘의 방향〉

정리하자면 아라베스크를 하기 위해서는 세 가지 기본 요소가 필요하다.

1) 정확하고 자연스러운 골반회전각 사용
2) 스탠딩 레그의 햄스트링 사용과 스탠딩 레그 엉덩관절의 강력한 잠금(locking)
3) 상체를 세우기 위한 정확한 배곧은근 사용과 갈비뼈를 벌리지 않는 자세

아라베스크는 인위적인 라인이 아닌 가장 자연스러운 라인이다. 나뭇잎은 둥글거나 조금 날렵하거나 제각각이지만 자연스러움은 흉내 내기 어려운 것 중 하나다. 내 몸을 바르게 사용하는 것. 즉, 힘의 밸런스를 최적화하기 위해서 중요한 세 점에 중점을 두면 나머지 말단 부위의 라인은 차츰 만들어나갈 수 있다.

잊지 말자. '아라베스크는 힘의 완벽한 평형 상태.'

심화 3편.

호흡과 타이밍의 결정체 점프, 땅 르베 쏘떼(temps levé sauté)

바 워크에서 발레의 기본을 배우고, 센터 워크로 진출해서 쁠리에, 땅뒤, 데가제, 그랑 바뜨망 쥬떼 등을 배우고 나면 점프를 배우게 된다. 보통 점프라고 부르는 것을 발레 용어로는 땅 르베 쏘떼(temps levé sauté, 이하 쏘떼)라고 한다. 제자리에서 대충 손 모으고 뛰는 것이 뭐 어렵겠나 싶을 것이다.

흔히 쏘떼를 하면 체력도 좋아지고 열량 소모량도 많다고 착각한다. 그래서 '발레 = 다이어트'를 꿈꾸는 사람들은 이 동작에서 냅다 높이, 신나게 뛰려는 경향이 있다. 내 몸에 숨어 있는 땀들을 더욱더 많이 분출하겠다는 식으로 말이다. 그런데 쏘떼 동작에도 과학의 원리와 잘하기 위한 비법이 감춰져 있다. 궁금하지 않은가?

발레를 하면서 포르 드 브라, 다리의 기본 포지션과 몸의 자세, 균형, 중심, 코디네이션 등을 익히며 동작의 영역을 확장하다 보면 움직임의 타이밍이 중요하다는 것을 깨닫게 된다. 동작마다 타이밍을 어떻게 사용하느냐에 따라 모양새와 완성도의 질적 수준이 결정된다. 동작의 성공 여부에도 큰 영향을 준다. 특히 박자가 빠르고 다이내믹한 동작에서 성패가 좌우된다. 빠른 템포에서 순간 박자를 놓쳐버려 야심 차게 나간 센터 워크의 자기 순서에서 개다리춤 비슷하게 허우적거리다 초라하게 들어온 경험들이 한두 번쯤 있을 것이다.

쏘떼를 할 때 쁠리에를 비롯해 높은 체공과 정확하고 깔끔한 라인을 강하고 힘 있게 구사해야 한다. 발레에서 쏘떼는 상체의 도움을 최소화하고, 하지의 강한 근력과 빠른 순발력을 이용하는 것이 관건이다. 마치 활시위를 힘껏 당긴 반력에 의해 화살이 멀리 힘차게 발사되듯 자신의 최대 근력을 사용하기 위해 쁠리에를 최대한 깊게 하는 것이 중요하다. 그래서 쁠리에를 할 때 발뒤꿈치를 바닥에서 떼지 않도록 주의하라고 한다. 그리고 무릎과 발목에 끝까지 힘을 주어 펴고, 근육의 사용을 최대화한 상태에서 정확한 라인을 오래 지속해야 한다. 착지할 때에는 동작을 하는 본인이나 보는 사람 모두가 가벼운 느낌을 공감할 수 있도록 최소한의 소리로 충격을 완충해야 한다고 강조한다.

여기까지가 보편적으로 알고 있는 주의사항이다. 매우 타당성이 있지만 몇 가지 놓치고 있는 것들이 있어 조금 더 깊이 생각해보고 첨부해보기로 한다.

우선, 쏘떼는 종류가 다양하다. 템포에 따라 보이는 것도 다르고, 종류에 따라 수행하는 방법도 다르다. 땅 르베 쏘떼의 기본 단계부터 차근차근 난이도를 높이며 타이밍을 고민하고 공부해보자.

1. 초란 단계, 4박자를 사용하는 법

초보 학생들이 쏘떼를 처음 배울 때에는 4박자를 이용해 배운다. 1번 발 포지션에서 시작해 드미 쁠리에의 형태로 구부렸다 제자리로 뛰어오르는 가장 기본적인 동작이다.

동작과 함께 원 앤, 투 앤, 쓰리 앤, 포 앤드(1& 2& 3& 4 and) 식으로 박자를 센다. 처음 원 앤 투까지 드미 쁠리에를 하면서 뒤꿈치가 떨어지지 않게 최대한 내려가고, 연이어 투 다음에 나오는 앤드에 점프를 한다. 쓰리 앤까지 쁠리에를 사용해 착지하고 포에 무릎을 펴서 다시 1번 발 포지션의 서 있는 자세로 되돌아오는 연습을 한다. 중간에 발이 땅에 닿는 순간에 발가락 끝으로 떨어지면서 충격을 최소화해 가급적 소리가 크게 나지 않도록 주의해야 한다.

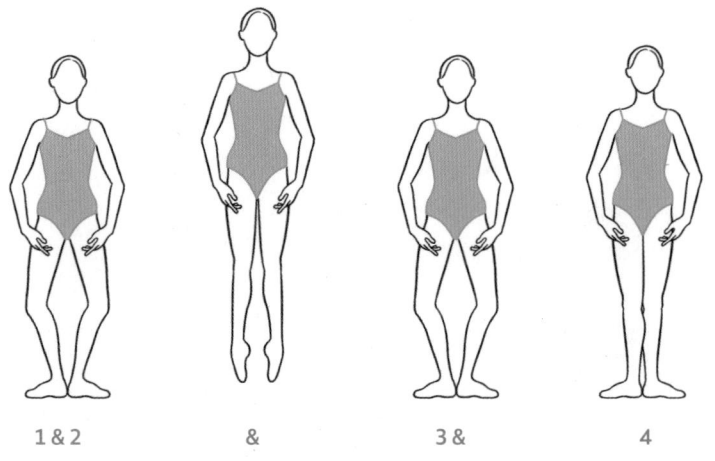

⟨4박자 사용 땅 르베 쏘떼⟩

이 기본 단계는 처음 쏘떼를 배울 때 매우 중요한 과정이다. 하지만 이 단계만 가지고는 우리가 상상하는 이상적인 점프를 기대하기 어렵다. 이것을 기초로 좀 더 많은 것을 첨부하고 응용해 점프다운 점프로 발전시켜야 한다.

2. 달걀 단계, 못갖춘마디를 사용한 4박자 연속 쏘떼

초란 단계 다음은 본 박자 전에 못갖춘마디를 사용하는 것이다. 위에서 소개한 4카운드를 이용해 연속으로 쏘떼를 연습하는 과정이다.

준비의 4박자를 쁠리에로 내려가는 데 사용하고 마지막 포의 앤드에 점프를 한다. 그리고 본박자의 원에 착지를 하고 투 앤, 쓰리 앤, 포까지 기다리다가 포의 앤드에 다시 쏘떼를 한다. 이러한 패턴으로 연속적으

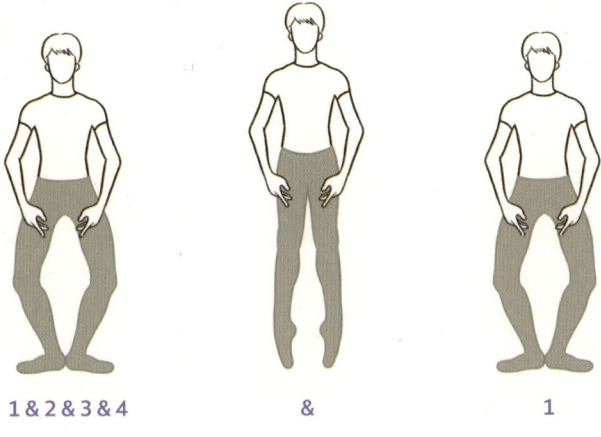

〈4박자 연속 땅 르베 쏘떼〉

로 4박자를 이용한 연이은 쏘떼를 연습한다. 비교적 쁠리에를 하는 상태에서 자세가 오래 지속되지만 이때 마냥 기다리고 있는 것이 아니라 음악을 들으며 몸으로 계속 리듬을 탄다는 마음을 유지해야 한다.

3. 병아리 단계, 못갖춘마디를 사용한 4박자 1회 쏘떼

준비의 4박자 중 마지막 포에 쁠리에를 비교적 빠르게 내려가고 포의 앤드에 점프를 한다. 본박자 원 앤드에 착지를 하고, 투에 다시 무릎을 펴서 선다. 쓰리 앤드까지 무릎을 편 채로 유지하다가 다시 포에 쁠리에를 들어가고 포의 앤드에 다음 점프를 하고 동일한 박자 패턴으로 연이어 4박자에 1회씩 점프를 연습한다. 달걀 단계와는 박자 사용 방법이 다르다. 중간에 무릎을 펴고 서서 박자를 기다리지만 쁠리에를 하는 과정이 짧아진다. 이것이 중요하니 잘 기억해야 한다.

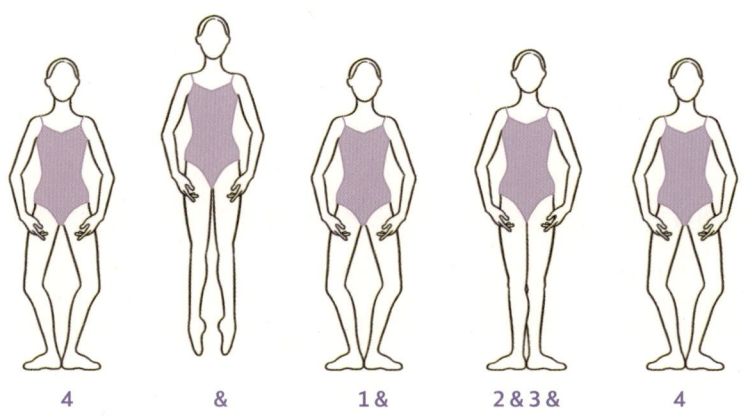

〈4박자 1회 땅 르베 쏘떼〉

4. 영계 단계, 2박자 1회 쏘떼

여기서 박자는 '준비 원 앤, 투 앤, 쓰리 앤, 포 앤드, 본박자 원 앤, 투 앤, 원 앤, 투 앤…' 식으로 센다.

병아리 단계의 과정과 동일하게 준비의 포에 쁠리에를 하고 포의 앤드에 점프를 한다. 연이어 원에 착지하고 위 방법보다는 조금 빠르게 원의 앤드에 무릎을 펴서 서고 다시 바로 투에 빠르게 쁠리에를 하고 투의 앤드에 점프를 한다. 이렇게 연이어 두 번을 뛰면 4박자를 채울 수 있다.

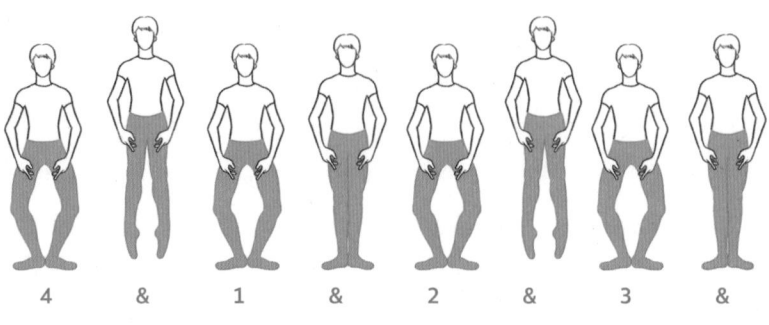

〈2박자 1회 땅 르베 쏘떼〉

5. 토종닭 단계, 1박자에 1회 쏘떼

준비의 마지막 포에 쁠리에를 강하고 빠르게 한 후 포의 앤드에 쏘떼를 하고, 원에 착지한다. 이때가 생각을 전환해야 하는 중요한 시점이다. 원에 착지하고 원의 앤드에 다시 점프를 연이어 하면 1박자에 1회씩 쏘떼가 가능하다. 하지만 이렇게 정박자에 맞춰서 뛰는 방식을 생각해보자. 마치 추억의 걸그룹 크레용팝의 '빠빠빠' 노래에 나오는 점프 동작과 매우 유사한 모양이 된다. 과연 이 박자로 뛰는 것이 발레에서 원하는 그 점프인가? 노~! 노~!

줄넘기를 한다고 상상해보자. 위와 같은 카운트 리듬으로 한다면 줄넘기를 스무 개 하기도 벅차다. 모든 일에는 효율성이 필요하다. 효율을 높여서 몸에 가장 좋은 결과를 가져오도록 생각을 바꿔야 한다.

줄넘기를 잘하는 사람들의 움직임을 떠올려보자. 빠르게 넘어가는 줄넘기 줄에 발이 걸리지 않도록 바닥에 발이 닿는 시간을 매우 짧게 한다. 그러려면 하체의 점프를 위해 사용하는 모든 관절의 타이밍을 동시에 맞춰야 한다.

엉덩관절, 무릎, 발목, 발바닥 그리고 발가락까지…. 이 모든 부분의 긴장을 늦추지 않기 위해 특히 발뒤꿈치를 바닥에서 0.1밀리미터만 들고 쏘뗴를 위한 쁠리에를 해보자. 이것을 보통 뒤꿈치를 바닥에 누르라는 지침과 어긋난다고 생각하기 쉽다. 발뒤꿈치를 누르라는 지침은 뒤꿈치가 일정 수준 이상으로 떠 있으면 근육을 최대한 길게 사용하는 것을 저해하기 때문이다. 0.1밀리미터 들라는 것은 호흡을 잘 쓰기 위한 몸의 미세한 타이밍을 맞추는 조절점이라고 생각하자.

긴장을 늦추지 않은 상태로 빠른 쏘뗴를 연이어 잘하고 싶다면 또 한 가지 주의할 점이 있다. 지금까지 원에 떨어지고 앤드에 점프를 했다면 이번에는 마치 탁구공이 튀어 오르는 것처럼 원에 떨어짐과 동시에 바닥을 강하게 팅기며 뛴다는 느낌으로 뛰어보자.

그러면 다시 의문이 생긴다. 그렇다면 쁠리에를 하지 말란 것인가?

쁠리에를 하지 않고 쏘떼를 하면 수행 효율은 반 토막이 나고 만다. 들입다 뛰기 전에 다시 한번 생각해야 한다.

쁠리에는 '구부린다'는 뜻이다. 쁠리에는 체중의 하중을 받지 않고도 할 수 있다. 즉, 뛰었다가 떨어질 때 바닥의 높이에 맞춰 모든 관절을 구부려 몸이 낙하하는 속도에 지장을 주지 않게 조절한다. 그리고 점프의 성격에 따라 각 쁠리에마다 다른 깊이의 시점에 다다를 때 다시금 강하게 하지의 모든 관절을 강하게 펴서 바닥으로부터의 반발력을 크게 얻어낸다.

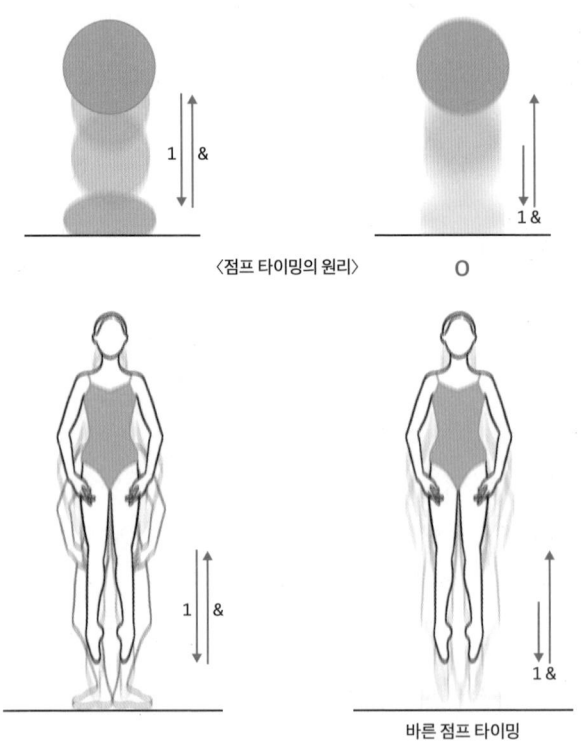

〈점프 타이밍의 원리〉　　　　O

바른 점프 타이밍

정리하자면 쁠리에를 할 때는 체중을 느끼며 내려가는 하지 근육의 장축성 수축의 강도를 최소화해야 한다. 연이어 쏘떼를 뛰어오르기 위해 근육을 수축시키는 단축성 수축을 강하고 빠르게 작용시켜 동작을 수행한다.

위와 같은 원리를 체득해 스몰 점프를 연습할 때에는 바닥에 머물러 있는 시간보다 공중에 떠 있는 시간을 더욱 길게 하려는 의지를 가져야 한다. 스몰 점프는 비교적 쁠리에를 얕게 들어가고, 그랑 점프로 갈수록 깊게 들어간다. 이때 각자 자신의 체중으로 인해 만들어지는 고유의 중력 가속도를 감각적으로 빠르게 파악하고 익숙해지도록 연습해야 한다. 그래야만 쏘떼 동작 중 발이 바닥에 닿아 있어도 하중을 크게 느끼지 않도록 조절할 수 있다.

쏘떼의 메커니즘을 파악해야 정확한 타이밍을 잡아내고, 음악의 속도와 리듬 그리고 점프의 성격에 따른 변화를 자유자재로 구현할 수 있다.

심화 4편.

보이는 것을 보이는 대로 믿지 말라
그랑 쥬떼(grand jeté)

지금은 이 세상에 없지만 팝의 제왕이라고 하면 누구나 마이클 잭슨(Michael Jackson)을 먼저 떠올릴 것이다. 그의 이전에도, 이후로도 탁월한 음악성과 대중성, 재능을 지닌 뮤지션은 많았다. 하지만 그만큼 전 세계 팝 역사에 절대적인 영향을 끼친 사람은 손으로 꼽을 정도다. 독특한 음색과 가창력도 좋았지만 무엇보다 그의 춤을 빼놓을 수 없다.

특히 '빌리 진(Bille Jean)'에 나오는 문워크(Moonwalk)는 그의 트레이드 마크가 됐다. 사실 문워크는 마이클 잭슨 이전에도 탭 댄스나 흑인 커뮤니티에서는 유행했던 춤이었다고 한다. 그러나 그 춤을 세계적으로 알린 사람은 누가 뭐래도 마이클 잭슨이다.

문워크에 대한 이야기를 꺼낸 이유는 우리가 보는 현상과 실제로 일어나는 현상이 일치하지 않음을 설명하기 위해서다. 문워크는 마치 달 위에서 걷는 것 같다고 해서 붙여진 애칭이다. 언뜻 보면 중력을 거스르는 동작으로 보이고, 빠르게 돌아가는 컨베이어 벨트 위에서 반대 방향으로 걸으려고 하지만 결국 뒤로 끌려가는 모습으로 보인다. 그런데 그 동작이 실제로 그렇게 끌려가는 것인가? 아니다. 의도적으로 연출해 우리의 눈과 뇌를 속이고 실재하는 현상처럼 보이게 하는 것이다.

발레를 하다 보면 마음먹은 대로 동작이 되지 않을 때가 많다. 그럴 때는 잠시 멈추고 동작을 만들기 위한 방법이 논리에 맞는지 객관적으로 생각하고 고민하는 것이 매우 중요하다. 발레는 몸으로 하는 것이지만 뇌의 신경과 몸의 싱크로율이 높아야 이상적인 라인이 만들어지기 때문이다. 또한 인간은 보고 싶은 것만 보려 하고, 아는 만큼만 보려 하므로 중요한 것을 간과하는 경우가 많다. 다른 사람이 어떤 동작을 할 때 우리가 가진 고정관념은 시야를 좁힌다. 또 그것을 원리로 명확히 이해하기 전까지는 눈으로 보이는 현상으로만 받아들여 정작 자신이 그 동작을 할 때 전혀 다른 방향으로 흘러가기도 한다. 오랜 시간 비효율적인 노력을 쏟은 나머지, 자신도 모르게 본능적인 방법으로 터득한 기묘한 동작이 습관처럼 몸에 배기도 한다. 이런 경우 문제가 발생한다. 또 어려운 동작일수록 성공 확률은 현저하게 떨어진다. 흔히 동작이 '됐다, 안 됐다'고 판단하는 것은 뭔가 잘못된 방법으로 접근했다는 방증이다. 이때 만약 타인에게 동작을 가르친다면 본인은 할 수 있더라도 배우는 사람 입장에서는 더욱 헤매는 경우가 생긴다. 결국 신체의 밸런스가 깨져서 부상을 유발하기도 한다.

실제로 발레 전공자인 학생이 점프 동작을 할 때 발끝부터 착지해야 충분한 완충을 이루어 안정되고 조용히 떨어질 수 있다는 것에만 집중한 경우가 있다. 그 학생은 발가락 끝이 먼저 바닥에 닿고 나서 순차적으로 발뒤꿈치가 바닥에 닿고 그다음 무릎을 구부리겠다며 강박적으로 동작을 시도했다. 그렇게 발가락 끝이 닿는 것에만 집중하다 보니 힘 조절에 실패해 무릎이 뒤로 꺾이는 치명적인 부상을 입었다. 대부분 본능적으로 몸을 보호하도록 움직이기 때문에 그런 경우가 흔하게 생기지는 않지만, 자기만의 논리에 사로잡히다 보면 어이없는 실수와 부상이 발생하기도 한다.

이 경우의 착지 시점을 풀이하자면 발끝이 바닥에 닿는 순간 발 자체의 관절, 발목, 무릎, 엉덩관절을 동시에 같은 비율로 구부리면서 공중에서부터 떨어지는 하중을 강한 장축성 수축으로 지지해야 한다. 발뒤꿈치가 먼저 지면에 닿지 않게 하라는 지침은 이런 원리에 기초한 것이다.

발레를 배우면 누구나 로망으로 갖는 동작이 몇 가지 있다. 그중 그림처럼 펼쳐지는 그랑 쥬떼(grand jeté)도 빼놓을 수 없다. 그랑 쥬떼를 할 때 보통 바닥을 짚고 올라가는 발이 쁠리에를 깊게 해야 높이 올라갈 수 있다고 생각한다. 또 긴 체공 시간 동안 포즈를 유지하려고 노력해야 좋은 라인이 나올 거라는 생각이 앞선다. 원리를 제대로 알지 못한 채, 동작을 하다 보면 오히려 동작이 무거워지고 원하는 대로 잘 안된다. 글리싸드 그랑 쥬떼(glissade grand jeté)를 할 때 디딤발을 깊게 쁠리에 하는 것에만 집중하다가 막상 앞으로 던져지는 다리가 앞으로 펼쳐질 때까지도 바닥에서 떨어지지 않고, 누른 이후에 한 템포 늦게 뛰게 되는 경우가 종종 생긴다. 이 경우 그랑 쥬떼를 뛰어도 무겁게 올라가게 된다. 또 공중에서 오랜 시간 동안 라인을 보이겠다는 마음만 앞서서 앞다리가 바닥에 착지한 후에도 뒷다리를 들고 있으려 하면 결국 올바른 그랑 쥬떼의 타이밍과 호흡을 느낄 수 없게 된다. 그래서 항상 뛰고 나서도 뭔가 묵직한 몸뚱이를 공중에 들어 올렸다 내린 느낌만 남는다. 글리싸드 그랑 쥬떼까지의 시간은 매우 짧다. 지금부터 그 짧은 시간을 구간별로 낱낱이 쪼개서 자세히 설명하고자 한다. 실제 발레 클래스에서도 적용해보길 바란다.

글리싸드 그랑 쥬떼 실습 1. 글리싸드 구간

올바른 글리싸드 그랑 쥬떼를 다 같이 시도해보자. 오른쪽 다리가 앞으로 나가는 경우다. 이때 오른쪽 다리로 서서 왼쪽 다리를 크로아제 드방 땅뒤(croisé devant tendu) 포즈에서 준비 포지션을 한다. 이렇게 준비된 포즈는 왼쪽 다리를 짚고 나가면서 글리싸드를 시작하는데 여기에 매우 중요한 포인트가 있다.

사람들이 일상적으로 걷는 동작을 생각해보자. 일상적으로 보행을 할 때 앞으로 짚고 나가는 발과 다리에만 신경을 쓰는 경향이 있다. 첫 발인 왼발이 앞으로 나가면서 걸어갈 때 신체 이동의 시작은 왼쪽 다리가 아닌 오른쪽 다리를 뒤로 보내는 것이다. 왼쪽 다리가 앞으로 나가려는 순간, 동시에 오른쪽 다리는 바닥을 짚은 다리 쪽 엉덩관절의 엉덩이 근육과 햄스트링의 근육을 수축시켜 뒤로 쭉 폄으로써(신전) 상대적으로 몸을 앞으로 이동시키는 것이다.

이 원리를 글리싸드 그랑 쥬떼에 그대로 적용한다면 글리싸드가 그랑 쥬떼를 뛰기 위한 준비 동작이지만, 글리싸드 자체를 하기 위한 이전의 준비 단계가 필요하다. 앞으로 포인트한 채 땅뒤를 하고 있는 왼발로 먼저 바닥을 짚지 말고, 서 있는 오른쪽 다리로 쁠리에를 함과 동시에 엉덩관절을 몸이 나가야 하는 방향과 반대로 보낸다. 그러면서 이때 앞에 포인트한 왼발로 바닥을 짚으며 바로 쁠리에하지 말고, 몸이 밀리는 만큼 더 멀리 짚은 다음 쁠리에를 한다. 여기서 주의할 점은 상체를 앞으로 기울이면서 상체의 기울기에 의한 중심이동이 일어나는 오프 밸런스(off balance)를 사용하지 않고 엉덩관절이 다리를 뒤로 보내면서 골반이 앞으로 나가는 오프 밸런스를 사용한다는 것이다. 즉, 골반과 상체가 수직선상으로 유지된 채 중심 이동이 이루어져야 한다.

    이 구간에서 생각보다 상체를 뒤로 많이 당겨 버틴다는 느낌이 들 수 있다. 그리고 서 있던 오른쪽 다리로 강하게 바닥을 짚어 뒤로 밀어내면서 비로소 첫 중심 이동이 시작된다. 이렇게 첫 중심 이동이 시작되면 연이어 앞에 포인트되어 있던 왼쪽 다리로 바닥을 짚고 글리싸드를 하게 된다. 이때 첫 중심 이동을 한 오른쪽 다리가 쁠리에한 왼쪽 다리를 스치면서 지나갈 때 이미 중심이 이동된 왼쪽 다리는 오른쪽 다리가 했던 것처럼 역시 뒤쪽으로 바닥을 강하게 밀어낸다. 그리고 몸을 약간 위로 올려가면서 나가기 위해 무릎을 엉덩관절보다 좀 더 빠르게 펴면서 움직인다. 그러면 결과적으로 몸의 호흡이 위로 들리면서 약한 글리싸드 점프가 발생한다.

    이때 주의할 점 또 한 가지, 정확하게 골반을 중심으로 오른쪽 다리가 앞으로 나가는 것과 똑같이 비례해서 왼쪽 다리는 골반을 중심으로 바닥을 짚으며 약하게 뛰면서 뒤로 강하게 밀며 나가야 한다. 오른쪽 다리가 왼쪽 다리를 지나간 이후에 동작을 하면 안 된다. 오른쪽 다리는 앞으로, 왼쪽 다리는 뒤로 동시에 나가면서 몸을 공중에 약간 띄우며 앞으로 이동하게 된다. 여기까지가 그랑 쥬떼를 하기 위한 준비 동작인 글리싸드 동작 부분이다.

글리싸드 그랑 쥬떼 실습 2. 글리싸드와 그랑 쥬떼 교차 구간
글리싸드와 그랑 쥬떼는 끝과 시작이 단순히 이어지는 것이 아니라 겹치면서 교차한다는 것을 주의깊게 봐야 한다. 공중에 약간 뜬 글리싸드는 오른쪽 다리로 착지를 하게 된다. 골반을 중심으로 앞뒤로 벌어지면서 약간 뛰어오른 글리싸드는 반대로 골반을 중심으로 두 다리가 모이면서 착지를 하게 된다. 오른쪽 다리로 바닥을 짚으며 착지하는 순간에 왼쪽 다리는 오른쪽 다리와 뒤꿈치가 스치는 1번 포지션을 지나간다. 약간 올라갔던 몸의 호흡은 아래로 낮아지고 글리싸드의 끝과 그랑 쥬떼의 시작이 섞이며 교차하는 지점이 생긴다. 다리가 모이면서 착지가 되는 순간 왼쪽 다리는 계속 앞을 향해 나가고 오른쪽 다리는 글리싸드를 시작할 때처럼 더욱 강하게 가속을 붙여 뒤로 바닥을 밀어내듯이 골반을 밀고 나간다. 역시 상체는 계속 골반 위의 수직선상에 유지하며 동작을 이어간다.

글리싸드 그랑 쥬떼 실습 3. 그랑 쥬떼 구간
이제 그랑 쥬떼를 강하게 뛰어오를 일만 남았다. 왼쪽 다리가 바닥을 매우 강하게 때리듯이 아래와 뒤쪽으로 힘을 주면 상대적으로 몸은 반발력에 의해 위로 뛰어오르면서 앞으로 나가게 된다. 이때 왼쪽 다리가 뒤로 나가듯 오른쪽 다리를 같은 비율의 속도와 각도로 앞으로 강하게 던지면서 순간 모든 관절을 곧게 편다.

　여기까지 동작이 잘 이뤄졌다면 왼쪽 다리의 엉덩관절 앞부분과 오른쪽 다리의 허벅지 뒤쪽 햄스트링이 강하게 이완되는 스트레칭이 느껴지며, 그 탄력으로 몸이 한층 더 가볍게 뛰어오르는 느낌을 받을 것이다. 여기서는 다리를 늘여 공중에서 라인을 길게 오랫동안 유지하려고 하면 안 된다. 다리가 앞뒤로 동시에 강하게 스트레칭이 될수록 눈에 보이는 순간은 매우 짧다. 아이러니하게도 그 순간이 짧을수록 몸은 훨씬 가볍게 느껴지고 시각적으로 보이는 라인이 훨씬 더 명확해진다. 그러니 제발 오랫동안 길게 라인을 보여주겠다는 마음으로 착지할 때까지 뒷다리를 들고 있으려 하지 말자. 이러한 비논리적인 노력이 몸을 다치게 하는 주요인이 된다.

그랑 쥬떼 구간

글리싸드 그랑 쥬떼 실습 4. 착지 구간

앞뒤 같은 비율로 강하게 스트레칭이 되면서 뛰고 난 후에 역시 같은 비율로 몸의 중앙을 향해 두 다리가 내려와야 한다. 오른쪽 다리를 뻗었으니 착지도 오른쪽 다리로 내려온다. 이때 왼쪽 다리는 몸의 뒤에서부터, 오른쪽 다리는 몸의 앞에서부터 내려와 서로 교차하면서 중앙을 향해 마무리한다.

그랑 쥬떼를 하면서 집중해야 할 것은 세 가지다. 첫 번째, 몸의 중심은 뒤로 향해 나가는 다리에 의해 이동된다는 것. 두 번째, 두 다리는 서로 앞뒤로 교차하면서 동작이 이뤄진다는 것. 세 번째, 라인을 길게 보이게 하기 위해, 마치 카메라의 셔터처럼 순간적인 잔상을 만들어야 한다는 것. 셔터 스피드가 빨라야 명확한 사진을 남길 수 있다. 그림 같은 그랑 쥬떼의 순간은 하늘에서 무한정 떠 있는 것이 아니라 짧지만 정확한 라인을 보여주어 보는 이의 두뇌에 그 잔상을 남기는 것이다. 어떤 동작을 가장 높고 명확하게 취할 건지 생각해서 타이밍을 놓치지 말아야 한다.

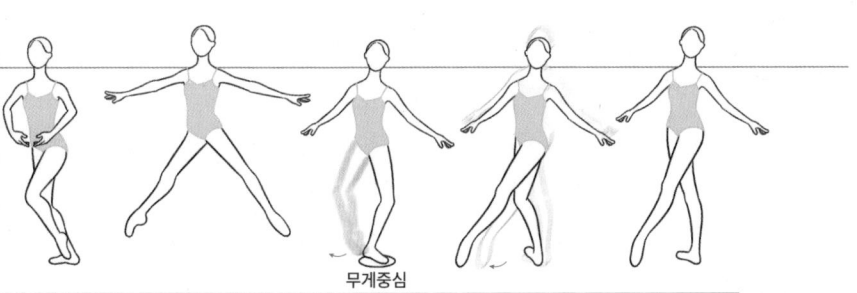

무게중심

글리싸드 구간

막연하게 동작을 떠올리고 상상해 단순히 무한 반복으로 연습하기보다 합리적이고 논리적으로 생각하고 판단해 연습할 것을 권한다. 인간은 이성적으로 사고할 수 있다는 장점을 가졌다. 논리적인 방법으로 접근한다면 지금껏 어렵고 힘들어서 불안하게 해내던 동작을 의외로 너무 쉽게, 자연스럽게, 시원하게 해내는 기쁨을 한없이 누리게 될 것이다.

epilogue
오답노트의 의미

학창 시절에 오답노트라는 것이 있었다. 시험을 보고 나서 틀린 문제를 노트에 적고 왜 틀렸는지, 어떻게 풀어야 정답인지 되새기며 다시 한번 정리하는 노트다. 초·중·고 12년 동안 많은 선생님이 오답노트의 중요성을 강조했다. 지금 생각해보면 정말 당연하다. 그런데 당시에는 오답노트 때문에 너무나 짜증이 났다. 아니 짜증을 넘어서 화가 나고 싫었다. 시험에서 틀린 것도 성질나는데 그것을 다시 한번 풀어보라니….

내 성격이 별나서 그럴지도 모르지만, 틀린 문제를 노트에 적다 보면 그렇게 부아가 치밀었다. 선생님들은 학생들이 틀린 문제를 꼼꼼히 살펴보고 연관 단원으로 확장시켜 공부하도록 지도하려 했을 것이다. 그러나 선생님의 깊은 뜻을 아는 학생이 과연 몇 명이나 됐을까? 나조차도 오답노트를 마치 나 싫다는 친구 쳐다보듯 했으니 말이다. '내가 싫다고? 그럼 나도 너 싫어!'라는 유치한 마음으로 오답노트를 바라봤다.

그런데 지금 생각해보니 오답노트는 단순히 지식의 수준을 높이기 위한 방책이 아니었다. 배우는 순간 옳은 것을 인지하기는 그렇게 어렵지 않다. 하지만 틀린 것을 스스로 곱씹으며 옳게 고치는 과정은 쉽지 않다. 제목부터 '오답노트'라는 음절과 음절 사이에 묵직한 무게감이 실린다. 오답을 그냥 적는 데 그치지 않고 '왜 틀렸는지'를 다시 생각하게 만드는 과정이다. 그리고 틀린 것에 연연하지 않고 다시는 비슷한 실수를 하지 않도록 담금질을 하는 과정이다. 물론 그 대상에는 지식을 넘어 마인드 컨트롤이라는 부분까지 포함된다.

이 책은 취미발레인 윤작가의 오답노트다. 글을 써가면서 몰랐던 것을 알게 되는 기쁨을 누리기도 했지만, 대부분 통한의 감정으로 써 내려갔던 것 같다. 왜 진작에 이렇게 하지 않았을까? 왜 조금 더 신중하지 않았을까? 선생님들이 주의를 줄 때 왜 내가 듣고 싶은 것만 골라 듣고 무리하게 몸을 사용했을까? 왜 좀 더 내 몸 상태를 솔직하게 알려고 하지 않았을까?

그러나 후회는 하지 않는다. 이 책을 쓰면서 다시 한번 깨달았다. 내가 여전히 발레를 사랑하고 있다는 것을. 어떤 운명의 장난인지 몰라도 나의 여생도 발레와 함께 동고동락하리라는 것을. 이왕 함께해야 할 운명이라면 상대를 좀 더 잘 알고 현명하게 관계를 유지해야겠다는 다짐도 자연스레 뒤따랐다.

인간은 어느 하나에 매혹되면 그것이 자신에게 해악을 줄지라도 포기하지 못하는 수준에 이르게 된다. 부상을 당하기 전, 당시에는 발레에 대한 사랑이자 열정을 가지고 있다고 생각했다. 어쩌면 발레는 나에게 세이렌 같은 존재다. 신비롭고 아름다우며 나를 옴짝달싹하지 못하게 사로잡았다. 실재를 파악하기 전의 나는 눈에 보이는 아름다움과 환상의 목소리에 홀려서 내가 서 있는 곳의 수심과 파도의 크기도 잊은 채, 세이렌이 앉아 있는 바위를 향해 하염없이 다가가는 어리석은 어부 같았다. 다행히 더 큰 불화가 있기 전에 세이렌의 존재도 알았고, 나의 현실도 파악하게 됐다.

이제는 세이렌과 같은 발레의 아름다움을 관망하면서 조금 더 천천히 그리고 가까이 다가갈 것이다. 그러려면 좀 더 튼튼한 배와 물에 빠졌을 때 안전하게 나를 지켜줄 구명조끼를 갖춰야 하겠지. 나아가서 바다에는 신화 속 세이렌만 존재하지 않는다는 것도 알게 됐다. 거대한 물고기 떼와 아름다운 산호초, 각기 다른 파도가 만들어내는 장관, 파도가 만든 물결로 매일 갯벌에 새겨지는 신비로운 흔적들.

발레를 신화에 등장하는 세이렌으로만 생각하지 말자. 그 안에는 우리가 평소에도 마주할 수 있는 수많은 가능성이 숨어 있다. 그러기에 나의 오답노트를 숨김없이 여러분에게 공개할 수 있는 것이다. 혹시 문제를 읽고 나와 똑같은 오답을 체크하고 있는 사람이 있다면 이 책이 조금이나마 도움이 되길 바란다. 이제부터라도 멋진 발레라는 바다에 몸을 던져 용감하게 항해를 시작해보는 건 어떨까? 무엇이 우리를 기다릴지 아직 아무도 알 수 없는 그 세계로….

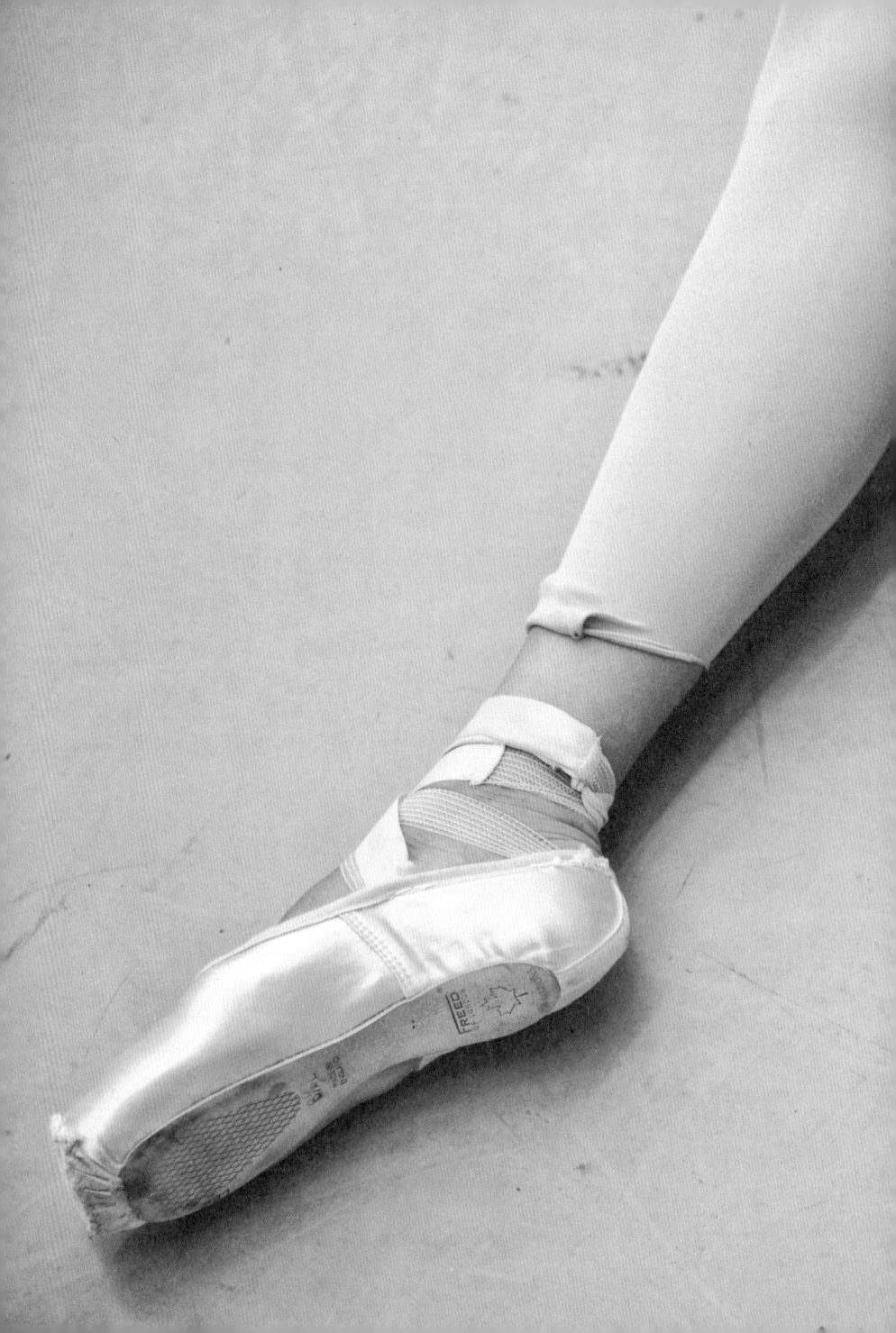

감사의 글

첫 번째 책을 사춘기 소녀처럼 달뜬 감정으로 출간했었다면 두 번째 책은 묵직한 짐을 등에 지고 있는 기분이었다. 마냥 발레가 좋다고 핑크빛 가득한 문장을 남발할 수도 없었다. 내가 펴낼 이 책은 봄날의 상큼한 이미지보다 모노톤의 텍스트로 꾹꾹 눌러가며 완성해야 했다.

무엇보다 이 무뚝뚝한 발걸음에는 용기가 필요했다. 한 걸음 내딛다가 그냥 서고 싶을 때 "할 수 있어!"란 무언의 에너지를 실어준 남편 정찬승 님과 "엄마가 하고 싶은 대로 다 해보세요. 엄마는 할 수 있어요"란 말을 해준 영원한 비타민 왕짱구 트리오에게 감사함을 전한다.

첫 번째 책의 에디터에서 기꺼이 이번 책의 사수가 돼주신 나의 영원한 스승, 책책의 선유정 대표님, 단순히 북디자인을 넘어서서 내가 바른 편집인이 되도록 조언을 아끼지 않은 로컬앤드의 김욱 대표님, 봄쌀 에디터님과의 인연으로 이 책을 객관적인 문장으로 꼼꼼히 잡아주신 김승규 에디터님께 감사드린다.

극강의 발레 이론과 메소드로 무장한 이 책의 숨은 공로자 간달프 쌤 최세영 선생님, 오히려 선생님의 모든 이론을 담지 못해 죄송할 따름이다. 또 이 모든 과정을 묵묵히 삽화로 완성한 최애 삽화가 시바스키 어멈 임이랑 작가님, 항상 그렇듯이 의리로 뭉쳐서 서로를 믿으며 최고의 사진을 제공해준 김윤식 작가님께도 감사함을 전한다. 더불어 김윤식 작가님의 피사체로 책을 더욱 빛내준 사진 속 무용수분들께도 감사하다.

발레 용어 프랑스어 표기법으로 고민할 때 시원하게 방향성을 제시해주신 표문송 경기도어린이박물관 관장님과 미래의 필진 이유라 님, 플로어웍스가 이렇게 성과를 내도록 모든 CI 작업을 해준 AJ Kim 님, 부상 입은 다리 수술을 잘 해주신 티케이정형외과 김태균 원장님, 마음의 고향 로얄발레 선생님들, 지금도 재활 운동을 도와주는 최해욱 코치님, 의학 용어 정리에 도움을 줬던 안원경 님, 뒤에서 응원을 아끼지 않았던 수많은 발레 애호가들, SNS를 통해 알게 된 지인들, 플로어웍스의 든든한 페이스 메이커 지음 멤버들에게도 감사하다.

마지막으로 플로어웍스의 가치관을 믿고 나와 마음을 합한 가장 아끼는 일곱 명의 아티스트. 김윤식 님, 이승용 님, 이소정 님, 김민정 님, 정재은 님, 김지현 님, 김소현 님. 모두 멀리 있지만 마음속 가치 있는 예술을 담고자 하는 열정은 변하지 않았으면 한다. 앞으로 이들과 하나씩 만들어 갈 새로운 길이 자못 궁금해진다.

2020년 4월
서울 강남대로 플로어웍스 집필실
윤지영 작가

추천사

"재미있고, 유익한 정보가 있고, 나를 돌아보게 만드는 책"
의사로서 몸이 아픈 사람들을 보살피는 것이 나의 업이다. 진료실에서 많은 분을 만나고 그들의 육신의 고통을 해결해주지만, 그들의 삶에서 오히려 많은 것을 배우게 된다. 나는 윤지영 작가가 가진 육신의 문제를 해결해주지만, 오히려 그의 삶과 뜻이 내 마음의 스승이 되어주는 경우가 많다. 그는 공학도로서 건축 현장에서 활발하게 일하다가 취미로 시작한 발레에서 재미와 보람, 정신의 심화까지 성취하면서, 작가로서, 출판사 대표로서 열정의 삶을 살아가는 아름다운 사람이다. 진료실에서 그를 만나고, 또 그의 삶에서 많은 것을 배울 수 있는 것은 내게 큰 기쁨이며 격려가 되어준다. 발레의 이론과 실제, 그리고 부상 후 치료, 재활 과정에서 그가 실제로 경험한 내용을 담담하게 소개하는 이 책을 통해 내가 그랬듯이 많은 사람들이 함께 즐기고 배울 수 있기를 바란다.
김태균 (정형외과 전문의/의학박사, 티케이정형외과 원장)

이 책을 읽으면서 저 역시 다시 한번 자신의 몸을 되돌아보는 시간이 되었습니다. 막연하게 발레를 배운다는 느낌의 책이 아닌 머리로 이해하고 몸을 움직여야 하는 이유가 상세하게 나와 있어 전문무용수에게도 추천하고 싶습니다.
김윤식 (체코 국립발레단 발레리노/포토그래퍼)

우선 신간 출간을 진심으로 축하드립니다. 저는 이전부터 몸을 올바르게 쓸 줄 알아야 감동이 있고 건강하게 오래 춤을 출 수 있다고 생각했습니다. 제 경우 몸을 잘못된 방향으로 과도하게 사용해서 아킬레스건 파열 부상과 수술까지 했기에 몸을 바르게 사용하는 법에 특히 집중하고 있습니다. 이 책을 읽고 좀 더 명확하게 사람들에게 설명을 할 수 있게 되었고, 제 몸을 움직이는 데 있어서 그동안 불편했던 부분을 많이 해소하게 됐습니다. 발레를 하는 사람이나 신체의 올바른 사용에 관심이 있는 사람에게 적극 추천합니다.
이승용 (슬로바키아 국립발레단 발레리노)

처음 발레의 재미에 빠져 배울 때가 생각나네요. 몸으로 배웠던 것을 지금은 자연스레 당연시하고 있지만, 논리적인 내용으로 전달되니 이해가 훨씬 쉬워요. 발레의 매력과 전문적인 해부학 설명도 함께 되어 있어서 발레를 마냥 어렵게 생각했던 분들도 쉽게 접근할 수 있는 책입니다
김민정 (헝가리 국립발레단 발레리나)

첫 페이지를 열었을 때 발레를 처음 접하고 있는 소녀의 모습이 보였습니다. 가장 이상적인 자세는 건강한 발레리나를 만들어주고, 또한 현재의 나를 다시 한번 돌아보게 했습니다. 이 책은 큰 부상 경험이 없던 나로서는 조심성을 체감하게 해주었고, 일반인에게 멀기만 한 발레를 쉽게 접근하게 하는 큰 힘을 지니고 있습니다.
정재은 (폴란드 국립발레단 발레리나)

저는 다섯 살부터 발레리나를 꿈꿨습니다. 엄청난 연습을 했었는데 예중 시절 간달프 쌤을 만나고 기본부터 잘못된 습관이 배어 있는 것을 깨닫고 충격받았던 순간이 다시 떠올랐습니다. 다이내믹한 테크닉은 안에서부터 표현돼야 한다는 것을 몰랐던 당시, 이 책을 읽었다면 시행착오를 줄였을 것 같네요. 과거의 시행착오 속의 나, 부상 이후 가치

있는 경험으로 몸의 구조와 기본기의 중요성을 알게 된 윤지영 작가님, 이 책을 읽을 미래의 발레 입문자, 그리고 이미 발레에 빠져 있는 많은 분께 강추하는 책입니다.
이소정 (미국 오하이오 발레 MET 발레리나)

무용실에서 17년째 피아노만 치다가 취발인으로 입문한 지 1개월 차! 눈으로 보고 피아노로 추던 발레에서 몸으로 수행하는 발레로 입문하기까지 많은 고민과 오랜 시간이 필요했습니다. 그러다 읽게 된 윤지영 작가님의 『어쩌다 마주친 발레』에 이어 『바른 발레 생활』은 두려움을 용기로 전환하게 해줬습니다. 윤작가님의 솔직한 삶의 이야기를 곁들인 똑똑한 발레하기! 이 소중한 오답노트가 발레를 한층 더 건강하고 아름답게 할 수 있도록 돕는 가이드가 될 것을 믿으며 병아리 취발인은 오늘도 조심스레 1번 포지션을 해봅니다.
김지현 (국립발레단 발레 피아니스트)

같은 발레 예술계 종사자이자 취미발레인으로서 무릎을 '탁' 치며 공감하지 않을 수 없었습니다. 윤지영 작가의 발레에 대한 애정과 그것을 알고자 하는 열정, 그리고 발레 예술에 대한 진지한 고찰을 지루하거나 어렵지 않게 풀어냈습니다. 발레 예술이 궁금하다면 덮어놓고 추천합니다!
김소현 (발레 피아니스트)

사진목차

008	홍향기	(유니버설 발레단)
012 013	Alice Petit	(Czech National Ballet)
046	Nikisha Fogo	(Vienna State Opera Ballet)
056 057	Friedemann Vogel	(Stuttgart Ballet)
077	Olga Bogoliubskaia	(Czech National Ballet)
080	Alexandra Pera	(Czech national Ballet)
090	이상은	(Dresden Semperoper Ballett)
118	박선미	(ABT studio company)
137	홍향기	(유니버설 발레단)
138	이상은	(Dresden Semperoper Ballett)
149	한상이	(유니버설 발레단)
195	김민정	(Hungarian National Ballet Company)
196	Alice Petit	(Czech National Ballet)
200 201	Alina Nanu	(Czech National Ballet)
216	Alina Nanu	(Czech National Ballet)
235	Alina Nanu	(Czech National Ballet)
236	한상이	(유니버설 발레단)
240 241	이상은	(Dresden Semperoper Ballett)

바른 발레 생활

초판 1쇄 발행 2020년 4월 24일　|　초판 2쇄 발행 2021년 4월 24일

지은이 윤지영	**펴낸이** 윤지영	**주소** 06232 서울시 강남구 강남대로 382 18층
감수 최세영	**편집** 윤지영	**이메일** flworx@gmail.com
삽화 임이랑	**교정** 김승규	**홈페이지** floorworx.net
사진 김윤식	**펴낸곳** 플로어웍스	**인스타그램** @floorworx_publishing
디자인 로컬앤드	**출판등록** 2019년 1월 14일	**페이스북 페이지** @Flworx

ⓒ윤지영, 2020

ISBN
979-11-969997-7-3 03680

※이 책은 저작권법에 따라 보호받는 저작물이므로 저작권자와 출판사의 허락 없이
　이 책의 내용을 복제하거나 다른 용도로 쓸 수 없습니다.
※책값은 뒤표지에 있습니다. 잘못된 책은 구입한 곳에서 교환해 드립니다.